*Ulrike Kéré*

*Westafrika*
*Informationen für binationale Paare*

Westafrikanisch-deutsche Paare und Familien leben im Spannungs-feld unterschiedlicher Kulturen und erfahren ihre Beziehung so-wohl als bereichernd wie auch als konfliktgeladen.

Der Ratgeber bietet wichtige Informationen und lebendige Er-fahrungsberichte rund um das bikulturelle Zusammenleben in Deutschland und Westafrika.

Der interkulturelle Alltag wird in seinen verschiedenen Facetten beleuchtet: das binationale Familienleben mit seinen rechtlichen Besonderheiten, Erfahrungen mit Rassismus oder die Situation afrodeutscher Kinder sind dabei wichtige Aspekte. In Deutschland lebende Afrikaner kommen ebenso zu Wort wie binationale und andere interkulturelle Grenzgänger.

Am Beispiel mehrerer westafrikanischer Staaten werden landes-kundliche und soziokulturelle Hintergrundinformationen geliefert, die auch für Besuche und längere Aufenthalte in Westafrika nütz-lich sind.

Ein Buch, das wertvolle Informationen liefert und zu einem selbst-bewussten und lustvollen Umgang mit der bikulturellen Lebens-situation ermuntert.

*Die Autorin:*

*Ulrike Kéré,* Biologin, verheiratet mit einem Burkinabé, zwei Töch-ter, Forschungsarbeiten in Burkina Faso. Arbeitet im Vorstand der iaf Frankfurt a.M. zum Schwerpunkt afrikanisch-deutsche Familien.

Ulrike Kéré

# Westafrika. Informationen für binationale Paare

Burkina Faso, Côte d'Ivoire, Gambia, Ghana, Nigeria, Senegal, Togo

Ein Ratgeber

Herausgegeben vom Verband binationaler Familien und Partnerschaften, iaf e.V.

Brandes & Apsel

Auf Wunsch informieren wir regelmäßig über das Verlagsprogramm:
Eine Postkarte an den Brandes & Apsel Verlag, Scheidswaldstr. 33,
D–60385 Frankfurt a. M., oder eine e-mail: brandes-apsel@t-online.de,
genügt.


Die Deutsche Bibliothek – CIP-Einheitsaufnahme

**Kéré, Ulrike:**
Westafrika: Informationen für binationale Paare;
Burkina Faso, Côte d'Ivoire, Gambia, Ghana, Nigeria, Senegal, Togo;
Ein Ratgeber / Ulrike Kéré. Hrsg. vom Verband Binationaler
Familien und Partnerschaften, iaf e.V.
- 1. Aufl. - Frankfurt a.M.: Brandes und Apsel, 2001
      ISBN 3-86099-208-2


2. Auflage 2003
© der deutschen Ausgabe by Brandes & Apsel Verlag GmbH,
Scheidswaldstr. 33, D-60385 Frankfurt a. M.
Das Werk einschließlich aller seiner Teile ist urheberrechtlich
geschützt.
Jede Verwertung ohne Zustimmung ist unzulässig. Das gilt
insbesondere für Vervielfältigungen, Übersetzungen,
Mikroverfilmungen und die Einspeicherung und Verarbeitung in
elektronischen Systemen und im Internet.
Lektorat und DTP: Ulrike Achtnich, Frankfurt a.M.
Umschlaggestaltung: Angelika Fritsch, Frankfurt a.M.
unter Verwendung eines Fotos von Ulrike Kéré, Frankfurt a.M.
Druck und Verarbeitung: Euroadria d.o.o., Ljubljana,
Printed in Slovenia.
Gedruckt auf säurefreiem, alterungsbeständigem und chlorfrei
gebleichtem Papier.


ISBN 3-86099-208-2

# Inhalt

# TEIL III: LANDESKUNDLICHE INFORMATIONEN 111

# Vorwort

Dieses Buch richtet sich an westafrikanisch-deutsche Paare und all jene, die sich für die interkulturelle Begegnung zwischen Deutschland und Westafrika interessieren.

Im ersten Teil werden verschiedene Aspekte bikulturellen Lebens in Deutschland beleuchtet und umfassende rechtliche Informationen gegeben. Der zweite Teil beschreibt die Annäherung an Westafrika aus der Sicht Binationaler, die Afrika nicht als Touristen besuchen, sondern als Familienmitglieder kennenlernen und einen Blick hinter die Kulissen werfen können. Reisetipps und landeskundliche Informationen über einige westafrikanische Länder runden das Bild ab.

Viele Binationale haben Erfahrungsberichte und persönliche Kenntnisse für dieses Buch beigesteuert. Entstanden ist ein buntes Mosaik, das die Vielschichtigkeit bikulturellen Lebens erahnen lässt und einen Ausschnitt aus der kulturellen Vielfalt Westafrikas zeigt. Die Auswahl der Länder orientierte sich vor allem an der Beratungsnachfrage bei der iaf.

Westafrikanisch-deutsche Paare leben im Spannungsfeld zweier Kulturen. Das Miteinander ist geprägt von gegenseitigem Lernen und Aufeinanderzugehen. Wesentliche Voraussetzungen für ein gleichberechtigtes Zusammenleben sind eine Grundhaltung der Gleichheit und des Respektes, das Aushalten von Widersprüchen und ein ausgeprägtes eigenkulturelles Bewusstsein. Alltag in bikulturellen Familien bedeutet einen Zugewinn an Perspektiven und die Erweiterung von Denkmöglichkeiten und Handlungsspielräumen. Es bedeutet aber auch eine Erschütterung des Gewohnten, Vertrauten und Selbstverständlichen. Daraus erwächst die Chance, eigene Grenzen zu überwinden und gemeinsam nach neuen Wegen zu suchen. Den interkulturellen Erfahrungsschatz afrikanisch-deutscher Familien weiterzugeben und damit zu einer besseren Verständigung zwischen Partnern – ob in der Familie, im Beruf oder im Alltagsleben – beizutragen, ist ein Anliegen dieses Buches.

Ein weiteres Anliegen ist es, das Bild vom krisengeschüttelten Kontinent Afrika in unseren Köpfen zu korrigieren. Durch den binationalen Blick auf das Alltagsleben mit seinen Freuden und Sorgen entsteht ein realistischeres, greifbares Bild dieser fremden, doch keineswegs exotischen Welt.

An dieser Stelle sei allen herzlich gedankt, die mit ihren Beiträgen zum Gelingen dieses Buches beigetragen haben. Hiltrud Stöcker-Zafari und Cornelia Spohn danke ich für die gute Zusammenarbeit bei der Planung und Durchführung dieses Vorhabens, Gabi Duziak-Jan für die Überarbeitung und Aktualisierung der rechtlichen Informationen. Claudia Khalifa danke ich für die vielen anregenden Diskussionen, die mir wichtige Aspekte interkultureller Kommunikation bewusst gemacht haben und auf vielfältige Weise in dieses Buch mit eingeflossen sind.

Meiner Familie – Mamadou, Amelie und Mira – danke ich ganz besonders. Sie lehren mich jeden Tag aufs Neue, wie bereichernd und beglükkend bikultureller Alltag sein kann...

*Frankfurt a. M., Februar 2001*                              *Ulrike Kéré*

# 1. Teil:
# Begegnung in Deutschland

Foto: Ulrike Kéré

# WestafrikanerInnen in Deutschland

Leider finden sich kaum historische Quellen, schriftliche Belege oder Nachweise über das Leben von WestafrikanerInnen in Deutschland vor dem Zweiten Weltkrieg.

*»Von der deutschen Geschichtsschreibung sind sie bisher nur unzureichend zur Kenntnis genommen worden, die Menschen afrikanischer Herkunft oder die Deutschen schwarzer Hautfarbe, die immerhin auf eine über 100-jährige Geschichte in unserem Land verweisen können. Entgegen der landläufigen Meinung sind nicht erst in den letzten Jahrzehnten afrikanische Studenten oder Asylbewerber zu uns gekommen; die Wurzeln reichen viel weiter zurück und sind eng mit der Geschichte des Sklavenhandels, der Kolonialgeschichte, aber auch mit der Geschichte der Befreiungs- und Menschenrechtsbewegung verbunden.«*[1]

Nach dem Zweiten Weltkrieg, in den Jahren des wirtschaftlichen und wissenschaftlichen Aufschwungs, kamen viele ausländische StudentInnen und Auszubildende nach Deutschland. Darunter waren auch Westafrikaner, vor allem aus Ghana, Nigeria und Togo. Es waren fast ausschließlich Männer und ihre Zahl war relativ gering. Die klassischen Ausbildungsländer für Westafrikaner blieben England und Frankreich, da die Bindung an die ehemaligen Kolonialmächte noch immer sehr eng war und die Sprache dort kein Hindernis darstellte. Durch kirchliche Kontakte, Stipendien und staatliche Unterstützungsprogramme öffnete sich aber auch Deutschland zunehmend für afrikanische Studenten. Die Aus- und Fortbildung galt als Teil der beginnenden deutschen Entwicklungshilfe für Afrika. Der Aufenthalt der jungen Männer, die als Studenten oder Auszubildende nach Deutschland kamen, war als vorübergehender geplant, wurden sie doch als Fach- und Führungskräfte in ihrem Heimatland gebraucht. Einige von ihnen blieben jedoch und banden sich familiär durch eine Eheschließung mit einer Deutschen. Manche gingen auch mit ihrer deutschen Ehefrau zurück ins Heimatland, kehrten aber oft nach vergeblichen Versuchen, zu Hause Fuß zu fassen, nach Deutschland zurück.

In den 80er Jahren änderte sich die Zuwanderung von WestafrikanerInnen nach Deutschland signifikant. Internationale Geschäftsverbindungen

---

[1] Reed-Anderson, Paulette: *Eine Geschichte von mehr als 100 Jahren. Die Anfänge der Afrikanischen Diaspora in Berlin.* Ausländerbeauftragte der Stadt Berlin (Hg.). Berlin 1995, S. 4.

nahmen zu; Reisen wurde einfacher und billiger. Der Wunsch, sein Glück in den Industrieländern zu versuchen, und das Wissen um Möglichkeiten, einen zumindest vorübergehenden Aufenthaltsstatus zu bekommen, verbreiteten sich immer mehr. Der Migrationsdruck auf europäische Länder nahm allgemein zu.

Natürlich stieg in diesem Zusammenhang auch die Zahl der politischen Flüchtlinge und der Asylsuchenden. Kriege, politische Spannungen und Verfolgung zwangen viele, ihre Länder zu verlassen. Doch auch wirtschaftliche Probleme spielen eine große Rolle. In Ländern, in denen eine immens hohe Jugendarbeitslosigkeit herrscht und junge Menschen sich mit einer immer größeren Perspektivlosigkeit konfrontiert sehen, liegt es nahe, ›sein Glück‹ dort zu suchen, wo bessere Wirtschafts- und Lebensbedingungen herrschen. Viele träumen davon, nach ein paar Jahren zurückzukehren und mit dem im Ausland verdienten Geld ein kleines Geschäft aufzubauen. Andere werden von ihren Familien in die Fremde geschickt, um zur Unterstützung der Großfamilie beizutragen. Nur wenige der Asylsuchenden aus Westafrika wurden bzw. werden als politisch Verfolgte anerkannt. Viele werden abgeschoben oder reisen nach Ablauf der Duldung freiwillig zurück. Andere ziehen es vor unterzutauchen und als Illegale weiter in Deutschland oder anderen europäischen Staaten zu leben.

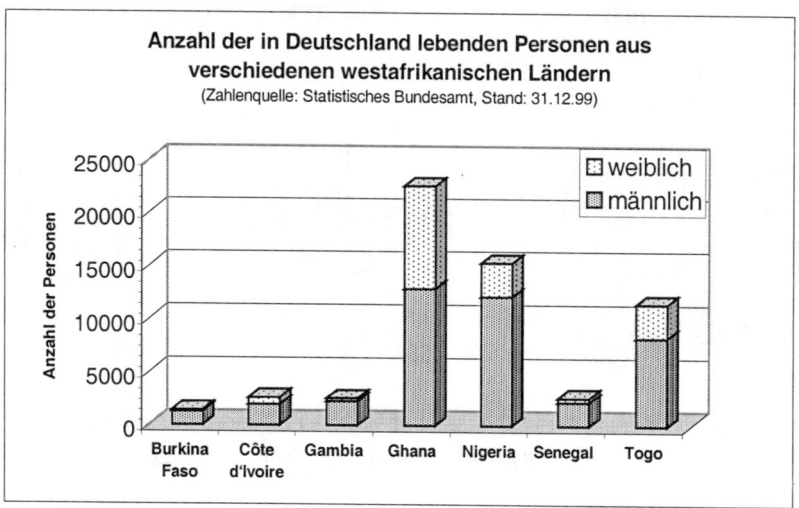

**Anzahl der in Deutschland lebenden Personen aus verschiedenen westafrikanischen Ländern**
(Zahlenquelle: Statistisches Bundesamt, Stand: 31.12.99)

Vergleicht man die Zahlen der hier lebenden WestafrikanerInnen aus verschiedenen Ländern – die Zahl der nicht registrierten, also illegal hier lebenden Menschen bleibt dabei unberücksichtigt −, so zeigen sich große Unterschiede zwischen den Ländern (siehe Abbildung). Zahlenmäßig an erster Stelle stehen Ghana, Nigeria und Togo. Die Migration aus den Binnenländern des Sahel wie Burkina Faso ist bis heute sehr gering. Diese Länder haben eine sehr hohe Abwanderung in die angrenzenden Küstenländer zu verzeichnen, da dort die Arbeitsmöglichkeiten besser sind bzw. waren. Erst im letzten Jahrzehnt wuchs auch hier die Zahl derjenigen, die versuchen, in Europa oder in den USA Fuß zu fassen.

Seit der Änderung des Asylrechtes und der Einführung der Drittstaatenregelung im Jahre 1993 ist es sehr viel schwieriger geworden, in die Bundesrepublik Deutschland bzw. in die »Festung Europa« zu gelangen. Die Zahl der Asylsuchenden aus Westafrika ist seitdem stark zurückgegangen.

Die Altersverteilung der in Deutschland lebenden WestafrikanerInnen wird in der nachfolgenden Abbildung am Beispiel von Nigeria aufgezeigt. Die meisten hier lebenden Frauen und Männer aus Nigeria sind zwischen 21 und 45 Jahre alt, wobei junge Männer bei weitem die Hauptgruppe darstellen.

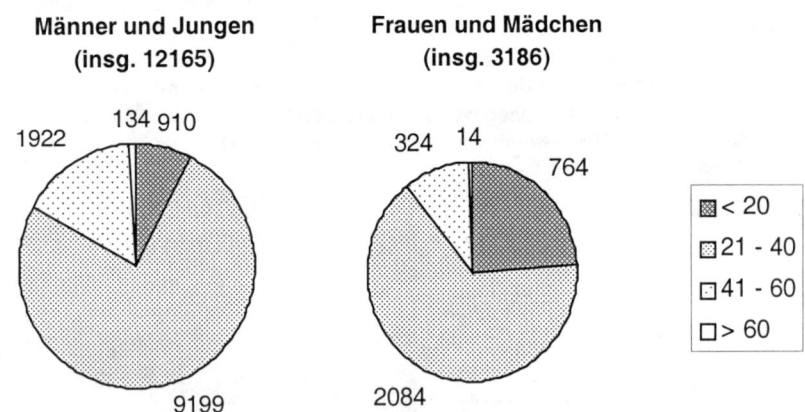

*Altersverteilung der in Deutschland lebenden Personen aus Nigeria*
*(Quelle: Statistisches Bundesamt, Stand 31.12.99)*

# Westafrikanisch-deutsche Familien

## Zahlen und Fakten

Die Gesamtzahl der westafrikanisch-deutschen Paare und Familien ist unbekannt, da es nur über Eheschließungen innerhalb der Bundesrepublik Deutschland statistische Angaben gibt. Paare, die in Afrika oder einem Drittland heiraten, tauchen darin ebensowenig auf wie gleichgeschlechtliche Lebensgemeinschaften und andere Paare, die unverheiratet zusammenleben.

*Eheschließungen in der Bundesrepublik zwischen deutschen Frauen und Männern aus verschiedenen westafrikanischen Ländern*

|  | Burkina Faso | Côte d'Ivoire | Gambia | Ghana | Nigeria | Senegal | Togo |
|---|---|---|---|---|---|---|---|
| 1960–1969 |  |  |  | 39 | 55 | 4 | 22 |
| 1970–1979 | 3 | 42 | 21 | 427 | 338 | 55 | 77 |
| 1980–1989 | 25 | 60 | 361 | 2700 | 717 | 414 | 87 |
| 1990-1999 | 130 | 442 | 627 | 2369 | 1272 | 476 | 1103 |

*(Die Zahlen beziehen sich bis 1992 nur auf die alten Bundesländer, ab 1993 auf ganz Deutschland. Quelle: Statistisches Bundesamt)*

*Eheschließungen in der Bundesrepublik zwischen deutschen Männern und Frauen aus verschiedenen westafrikanischen Ländern*

|  | Burkina Faso | Côte d'Ivoire | Gambia | Ghana | Nigeria | Senegal | Togo |
|---|---|---|---|---|---|---|---|
| 1960–1969 |  |  |  |  | 1 |  | 1 |
| 1970–1979 | 4 | 5 | 5 | 90 | 13 | 19 | 9 |
| 1980–1989 | 7 | 8 | 12 | 1298 | 91 | 11 | 35 |
| 1990–1999 | 25 | 128 | 50 | 1910 | 246 | 55 | 158 |

*(Die Zahlen beziehen sich bis 1992 nur auf die alten Bundesländer, ab 1993 auf ganz Deutschland. Quelle: Statistisches Bundesamt)*

In den 60er und 70er Jahren waren Ehen zwischen Deutschen und AfrikanerInnen noch eine absolute Ausnahme und die Heirat war für beide Seiten ein kühner Schritt, der oft große Probleme mit Eltern, Verwandten und Freunden mit sich brachte. Heute haben solche Ehen keinen Seltenheitswert mehr und sind – zumindest in Großstädten – schon fast zur Normalität geworden. Die wachsende Reisetätigkeit nach Westafrika, ob als Urlaubsreise oder im Rahmen der Entwicklungszusammenarbeit, führt dazu, dass sich viele Paare auch außerhalb Europas kennenlernen.

Da die jungen Männer den Großteil der in Deutschland lebenden WestafrikanerInnen ausmachen, ist es nicht verwunderlich, dass die Konstellation »deutsche Frau – afrikanischer Mann« bei weitem überwiegt.

Die meisten westafrikanisch-deutschen Paare und Familien haben ihren Lebensmittelpunkt in Deutschland, schon allein wegen der wirtschaftlichen Rahmenbedingungen. Es gibt aber auch einige, die zumindest für eine gewisse Zeit in einem westafrikanischen Land leben, meist verbunden mit einer beruflichen Auslandtätigkeit einer der beiden Partner (vgl. das Kapitel »In Westafrika leben?«).

## Zwei Welten – eine Liebe

Mit welchen Schwierigkeiten und bürokratischen Hürden westafrikanisch-deutsche Paare oft zu kämpfen haben, bevor sie überhaupt heiraten können, zeigen die nachfolgenden Erfahrungsberichte. Sie machen aber auch deutlich, wie spannend und außergewöhnlich interkulturelle Hochzeiten sein können.

### Irma Lanloze
*Abenteuer Hochzeit*

»Also, das ist so: Wenn Sie heiraten wollen, brauchen Sie als Ehefrau eine Geburtsurkunde, eine Meldebescheinigung, Ihr Scheidungsurteil und eine Kopie aus dem Stammbuch Ihrer Eltern, denn es könnte ja sein, dass sie zwischenzeitlich von jemand anderem adoptiert worden sind. Ja, und Ihr Mann braucht eine Ledigkeitsbescheinigung, eine legalisierte Geburtsurkunde, und er muss natürlich im Standesamt in Togo aushängen, und zwar im Falle, dass Sie die Ledigkeitsbescheinigung *nicht* beibringen können, drei bis vier Monate. Wenn Sie dann alle Unterlagen haben, bekommen

Sie hier einen Termin, dann folgt die Aushängefrist hier und die Terminvergabe für einen Heiratstermin. Im Augenblick haben wir eine Wartezeit von ca. sechs Wochen.«

»Aber bester Mann, der Geburtstermin ist Ende Januar. Wie sollen wir das vorher alles schaffen? Jetzt ist August!«

Wir standen vor schier unlösbaren Problemen und jeder in einer binationalen Partnerschaft kennt das so oder ähnlich! Es gibt massenhaft Vorschriften und für jeden einzelnen Fall gelten andere, die in riesengroßen roten Büchern beschrieben sind, die die armen Standesbeamten wälzen, lesen und verstehen müssen, und die meist schon wieder hinfällig geworden sind, wenn der Fall wirklich eintritt. Wie sollte mein Mann eine Ledigkeitsbescheinigung in Togo im Standesamt aushängen, wo er doch von dort geflohen und politisch verfolgt war? Wie sollte meine Schwiegermutter all das Geld beschaffen, was notwendig war, um die Bescheinigungen, Urkunden, Stempel, Legalisierungen usw. zu bekommen, und dann auch noch schnell – das war dreimal so teuer, denn jeder Beamte dort wittert sofort ein Taschengeld zur Aufbesserung seiner persönlichen Lebenssituation. Dazu die hiesigen Übersetzungskosten für die Urkunden und, und, und... Als ich das alles hörte, war es mir um so wichtiger, noch vor dem Geburtstermin unseres Kindes zu heiraten. Wer kann wissen, was alles an Papieren erforderlich ist, wenn mein Mann nach hiesigem Recht sein eigenes Kind adoptieren muss. Nein, für eine werdende Mutter war mir das zu viel Stress.

Zuerst versuchten wir, die nötigen Papiere zu besorgen. Im weiteren Verlauf gab es viele Gespräche mit Ausländerbehörde und Standesamt. Die einen wussten nicht, was die anderen taten. Das Standesamt sagte, wir müssten zur Ausländerbehörde. Die Ausländerbehörde sagte, wir müssten zum Standesamt. Ich rief endlich dort an und sagte, sie sollten doch bitteschön intern klären, wer nun zuständig sei und wer was mache, und uns da raushalten. Im Standesamt hatten wir einen Termin, als ich schon im achten Monat schwanger war. Wir saßen im Zimmer im Erdgeschoss und wälzten diese großen roten Bücher. Ich weiß schon gar nicht mehr im Einzelnen, worum es nun wieder ging, aber als wir auf den Pass zu sprechen kamen und mein Mann den EU-Pass zeigte, meinte der Mann, das könne er hier unten nicht klären, wir müssten nach oben in sein Zimmer, 2. Stock, Zimmer 25. »Ich bitte Sie«, rief ich aus, »können wir das nicht hier unten erledigen?« Nein, das war nicht möglich. So schleppte ich mich die zwei Treppen hinauf und war genervt. Ein Ende der Prozedur war noch lange nicht abzusehen.

Dann hörte mein Mann von der Möglichkeit, in Dänemark zu heiraten. Man brauche nur hinzufahren, die Papiere abzugeben und am nächsten Tag bekomme man einen Termin und eine international gültige Heiratsurkunde gleich mit. Toll! Wir fanden etwas ganz Neues! Togo geht nicht, Deutschland dauert zu lange, also fahren wir nach Dänemark, wir – eine internationale Familie!

Wir heirateten in Padborg. Jeder, der schon dort war, kennt Frau Conny Hansen, die die Zeremonie so liebevoll gestaltet in einem so netten Rahmen und sich sogar die Zeit nimmt, hinterher mit einem Glas Kirsberry anzustoßen.

Einige Zeit später musste ich dann mit zur Ausländerbehörde wegen des neuen Passes für meinen Mann, angeblich damit sie sehen könnten, dass wir auch zusammen leben. Prüfende Fragen, ob Scheinehe oder nicht, wurden aufgrund des inzwischen sichtbaren Ergebnisses unserer Beziehung (David wurde 18 Tage nach unserer Hochzeit geboren) nicht gestellt, und man versicherte uns auch, dass man schon einen Blick dafür habe, wo es sich um Liebesheirat handele und wo nicht. Peinlich fand ich allerdings, dass die Behörde von meinem Mann verlangte, einen Schein zu unterschreiben, aus dem hervorging, dass er sich in den ersten drei Ehejahren nichts zuschulden kommen lassen dürfe, insbesondere, die Ehe in dieser Zeit auch nicht gelöst werden dürfe, da er ansonsten des Landes verwiesen werde. Peinlich fand ich es aus dem Grund, weil es meinen Mann vor mir erniedrigte, weil mir in diesem Moment laut und deutlich gesagt wurde: Er muss sich gut führen. Nicht ich, sondern *er*. Damit wurde mir alle Macht über ihn gegeben. Passte mir irgend etwas an ihm nicht, könnte ich ihn sogar damit erpressen. Ist das nicht eine unvorstellbare Bedingung, die da an diese Ehe geknüpft wird?

## Bridget Kuba
*Eine interkulturelle Heirat:*
*Wie ich Richard in Nigeria kennenlernte* [2]

Ich traf Richard im März 1992, während ich in Ibadan am I.I.T.A. (Internationales Institut für tropische Landwirtschaft) meinen Dienst für das Nationale Korps für Dienste Jugendlicher (N.Y.S.C.) ableistete. Er war wegen seiner Forschungsarbeit in Nigeria.
Zu dieser Zeit war Kimberly Ade meine Nachbarin und Freundin. Sie

---

[2] Aus: *Africa Positive*, 2/1999.

reiste oft für ihre Arbeit nach Benin und in andere Länder in Nigerias Nachbarschaft. Nach einem Besuch in Cotonou erzählte sie mir, dass sie in einer Bücherei einen gewissen Richard kennengelernt hätte und dass sie ihn eingeladen hätte, sie in Ibadan zu besuchen.

Richard kam – und Kim fragte ihn, ob er bei ihr wohnen wollte, statt während seines Besuches in Ibadan für ein Hotel Geld auszugeben. Richard nahm dieses Angebot an, und so wurden wir Nachbarn. Kim teilte ihre Wohnung, in der es drei Schlafzimmer gab, mit einer meiner Freundinnen, Silvia aus Kanada. Es war also ein Schlafraum frei, und in den wurde Richard einquartiert...

Unsere Beziehung war keine Liebe auf den ersten Blick. Sie entwickelte sich langsam. Wir flirteten miteinander, obwohl er eine Freundin und ich einen Freund hatte. Mit ihm als neuem Nachbarn war es lustig. Richard, Kim und Silvia besuchten mich, um sich die Nachrichten oder einen Videoclip anzuschauen, und für gewöhnlich teilten wir uns den Inhalt meines Kühlschranks.

Richard verließ Nigeria Ende September desselben Jahres, und da er mich dazu einlud, ihn in Deutschland zu besuchen, kam ich noch im selben Jahr nach Deutschland. Zwei Wochen später besuchte ich ihn und verbrachte die meiste Zeit mit ihm. Bevor ich im Januar 1993 nach Nigeria zurückkehrte, besuchten wir noch Paris, um seine Eltern zu sehen. Sie waren sehr nett zu mir, und ich hatte eine schöne Zeit mit Richard.

Ich kehrte mit dem Gedanken nach Nigeria zurück, dass Richard nichts für mich wäre und Deutschland auch kein Land für mich sei. Seine Eltern hatten mich jetzt gesehen und waren nett zu mir, hofften aber, dass aus der Beziehung zu mir nichts Ernstes würde. Meine Eltern hatten von Richard weder etwas gehört noch ihn gesehen. Ich dachte, wenn sie wüssten, dass ich mich mit einem weißen Burschen verabredet hatte, dann würden sie mich umbringen. Sie hatten Gerüchte darüber gehört, dass ich Weißen gegenüber, mit denen ich weltweit in den Büros zusammenarbeitete, freundlich eingestellt war und sie mochte. Sie hatten mich immer davor gewarnt, irgend etwas mit einem Weißen anzufangen.

Zu meiner Überraschung rief mich Richard jeden Sonntag in Nigeria an. Sein Spitzname war »meine Darapin« (Malariatablette für jeden Sonntag). Dann, eines Tages im Juli, rief Richard an, um zu sagen, dass ich nach Deutschland kommen solle. Wenn kein Grund dagegen spräche, meinte er zu mir, wäre das wichtig. So besuchte ich Deutschland im August 1993 erneut. Am 28. August, nur einen Tag nach meinem Geburtstag, fragte mich Richard, ob ich seine Frau und die Mutter seiner Kinder werden wolle. Meine erste Reaktion war Ablehnung, dann jedoch sagte ich »ja«. Ich nahm seinen Verlobungsring an mich und kehrte am 30. August nach Nigeria zurück.

Ich trug diesen Ring in Nigeria nie, und ich erwähnte ihn auch meinen Eltern gegenüber nicht. Richard kam dann wieder für drei Monate für eine Forschungsarbeit nach Nigeria. Er kam im Oktober 1993 an und verließ das Land erst wieder im Januar 1994. In Nigeria fand er während dieser Zeit trotz seines engen Terminplans oft Gelegenheit, mit mir zusammen zu sein. Ich arbeitete in einer Handels- und Finanzgesellschaft in Apaga, Lagos. Ich hatte Richard vor seiner Rückkehr nach Deutschland erzählt, dass, wenn ich seinen Ring tragen und seine Frau werden würde, ich es lieber hätte, wenn er mich privat besuchen würde und nicht im Rahmen seiner Arbeit. »Komm nur wegen mir nach Nigeria«, bat ich ihn.

Im April desselben Jahres kam Richard dann auch und wir gingen los, um meine Eltern zu sehen. Meinen Vater hatte die Neuigkeit, dass ich mit einem Richard aus Deutschland verlobt sei, inzwischen erreicht. Wir werden den Tag, an dem wir zu meinen Eltern gingen, nicht vergessen. Sie ließen uns über sechs Stunden unbeachtet!

Meine Eltern lehnten meine Heirat mit Richard ab, weil Deutschland so weit entfernt sei und ich als (Dschungel-)Prinzessin keinen Ausländer, sondern jemanden von zu Hause heiraten sollte. So beschlossen Richard und ich, in Deutschland zu heiraten. Ich kam im Juli 1994 nach Deutschland und im April 1995 heirateten wir offiziell. In Deutschland zu heiraten, kostete uns ein Jahr echten Papierkrieg. Seit unserer Verlobung hatte Richard an den entsprechenden Unterlagen gearbeitet.

Letztendlich gewannen wir diesen Krieg, aber dann begann ein neuer mit meiner Familie um die Erlaubnis für eine traditionelle Heirat. Diese bedeutete Richard sehr viel, da er der Welt beweisen wollte, dass ich seine legale und ordnungsgemäße Ehefrau war.

Der Krieg mit meinen Eltern dauerte eine Weile. Er holte mich jedes Jahr, wenn ich nach Nigeria reiste, ein. Im Januar 1997 fuhren Richard und ich heim und mit der Hilfe eines guten Freundes war es uns dann doch möglich, meinem Vater ein Datum abzuschwatzen.

Die traditionelle Hochzeit sollte im Dezember desselben Jahres stattfinden, und zwar am 27. Dezember. Irgendwann im Juli wagte mein Vater den Versuch, die Heirat abzusagen, aber Richard erzählte ihm, dass das unmöglich sei, weil wir schon über hundert Freunde aus Deutschland eingeladen hätten. Sechzig von ihnen hatten ihren Besuch bereits zugesagt und ihre Flüge gebucht.

Am Ende hatten wir vierzig Verwandte, Freunde und Kollegen aus Deutschland, die für die traditionelle Hochzeit nach Nigeria gekommen waren. Über zwanzig stornierten ihr Kommen wegen eines versuchten Staatsstreiches einige Tage zuvor. Ich muss sagen, dass die zwanzig Gäste, die nicht kamen, bedauerten, diese großartige Erfahrung nicht gemacht zu haben, besonders als sie von den anderen erfuhren, wie schön und farbig es war. Die Fotos und das Hochzeitsvideo erfüllten ihren Zweck. »Wie hätten wir das wissen können?« war alles, was sie sagen konnten, und sie hofften, dass wir es bei einem weiteren Anlass für eine solche Feier nicht versäumen würden, sie erneut einzuladen.

*Hochzeit in Burkina Faso (Foto: Ulrike Kéré)*

Annette Coly
*Hochzeit im Senegal*

Mein senegalesischer Mann und ich haben uns in Köln in einer »afrikanischen« Kneipe kennengelernt. Kurze Zeit später sollte ich beruflich nach Dakar fliegen um dort sechs Monate lang bei der EU-Delegation zu arbeiten. Nach langem Hin und Her und vielfachem Abwägen entschieden wir uns dafür, zusammen nach Dakar zu gehen. Wir wollten die Gelegenheit nutzen um zu sehen, wie wir dort miteinander klar kommen würden, und auch um mein Verhältnis zur Familie und zu den Freunden wachsen zu lassen.

Dank bereits bestehender Kontakte nach Dakar hatten wir schon vor unserer Abreise im Stadtzentrum von Dakar eine kleine Wohnung gemietet, so dass wir nicht im Elternhaus meines Mannes wohnen mussten, aber dennoch die Gelegenheit da war, so oft wie möglich bei der Familie und auch bei den Freunden zu sein. Diese sind mir in der Zeit alle sehr ans Herz gewachsen und ich habe mich wahnsinnig wohl gefühlt. Es klappte alles wunderbar. Diagou lernte Deutsch am Goethe-Institut, während ich meiner Arbeit, die im übrigen super spannend war, nachging.

Wir verbrachten sechs wunderbare Monate im Senegal; ich würde sie als vorgezogene Hochzeitsreise bezeichnen. In dieser Zeit hatten wir Gelegenheit unsere Hochzeit vorzubereiten und waren uns einig, dass ich nach Ende der sechs Monate zunächst alleine nach Deutschland zurückreisen würde. So hätte jeder von uns für sich noch einmal die Gelegenheit darüber nachzudenken, ob wir diesen Schritt wirklich wagen sollten.

Dennoch hatten wir alle notwendigen Papiere bereits vorbereitet, einen Termin auswählt und konnten uns sogar aussuchen, von welchem Bürgermeister wir getraut werden wollten.

Mein Traum war es, auf der Insel Gorée zu heiraten, und zwar deswegen, weil diese Insel, die ehemals Umschlagplatz für Sklaven und gleichzeitig Verschiffungsort in Richtung Amerika war, ein Symbol für die Schrecken, die die Europäer über den Senegal gebracht haben, darstellt. Durch den Ausdruck unserer Liebe wollten wir zumindest für uns ein Zeichen dagegen setzen. Da sich dieser Wunsch aber als organisatorisch sehr schwierig erwies, haben wir uns dann entschieden, den Bürgermeister von Gorée zu bitten unsere Trauung zu übernehmen.

Schön war auch, dass meine Mutter es sich nicht nehmen ließ, uns in Dakar zu besuchen und auf diese Art und Weise die Familie meines Mannes kennenlernte.

Ende Oktober packte ich schweren Herzens meine Kisten, verabschiedete mich von liebgewonnenen Kollegen, von der Familie und Freunden und flog alleine zurück ins kalte graue Deutschland – allerdings mit der Gewissheit direkt nach Weihnachten wiederzukommen. Unser erstes gemeinsames Silvester verbrachten wir also in Dakar. Am 5.1.1996 gaben wir uns im historischen Rathaus von Dakar das Jawort. Die Hochzeit als solche war etwas ungewöhnlich, weil der vereinbarte Termin nicht eingehalten wurde, es immer später und später wurde und wir schließlich statt um

16.00 Uhr erst um 19.30 Uhr getraut wurden. Es war aber wunderschön und bis heute schauen wir uns beide das Video mit großem Vergnügen an.

Als wir dann nach Hause kamen, ging die Feier richtig los und meine Familie hatte reichlich für Speisen und Getränke gesorgt. An diesem Abend wurde allerdings noch etwas gebremst gefeiert, da meine Schwägerin am nächsten Tag kirchlich heiraten sollte und wir dann einen gemeinsamen Empfang in einer Diskothek geplant hatten mit Fortsetzung der Feierei im Haus meiner Schwiegerfamilie. Es war alles in allem ein Traum und das Feiern und Tanzen wollte kein Ende nehmen.

Als das Fest vorüber war und wieder Ruhe eingekehrte, machten wir uns daran die Papiere zu besorgen, die für die Familienzusammenführung und damit für die Einreise von Diagou nach Deutschland erforderlich waren. Das ging auf Seiten der deutschen Botschaft und der senegalesischen Behörden relativ reibungslos, wobei wir feststellen mussten, dass die lokale Verwaltung sehr, sehr langsam arbeitet. Insgesamt hielten sich unsere Schwierigkeiten aber in Grenzen und ich musste nach meiner Rückkehr nach Deutschland nur drei Wochen auf meinen Mann warten. In Dakar hatte ich mir noch ein weißes Brautkleid schneidern lassen, welches bei unserer kirchlichen Hochzeit in Deutschland zum Einsatz kommen sollte.

Diagou kam dann Mitte Februar pünktlich zum Karneval ins schöne Rheinland, genauer gesagt nach Köln. Nach Erledigung der Formalitäten begann er einen Sprachkurs. Gleichzeitig fing die Suche nach einem Arbeitsplatz an. Das Einleben in Köln wurde ihm sicherlich dadurch erleichtert, dass ein Freund von ihm in Köln lebt und es dort eine relativ große senegalesische Szene gibt, die auch ich schon lange Jahre vorher kannte. Die Aufnahme in meine Familie ging ohne Probleme vor sich und auch mit meinen Freunden verstand Diagou sich schnell. Insgesamt kann man sagen, dass unser Leben relativ unkompliziert verlief. Im Sommer 1996 haben wir in Köln kirchlich geheiratet und so hatten auch alle, die in Dakar nicht dabei sein konnten, Gelegenheit mit uns gemeinsam zu feiern.

Nach eineinhalb Jahren kündigte sich dann unser Sohn Adrien an, der mittlerweile schon drei Jahre alt ist. Wir sind nach wie vor sehr glücklich, auch wenn es ab und an kleine Diskussionen oder Streitereien gibt, aber die sind alle nicht wirklich beziehungsbedrohend. Unsere Zukunftspläne sehen so aus, dass ich gerne ein paar Jahre im Senegal leben und arbeiten möchte, auch um Adrien den Zugang zu seiner anderen Hälfte zu erleichtern. Diagou dagegen ist eingefleischter Rheinländer geworden und kann sich schon fast nicht mehr vorstellen, nach Dakar zurückzugehen. Wir werden wohl einen Kompromiss finden müssen, der für alle akzeptabel ist. Aber wir sehen recht zuversichtlich in die Zukunft und hoffen beide, dass unser Glück noch so lange wie möglich bestehen bleibt.

## Bikultureller Alltag

Westafrikanisch-deutsche Paare und Familien leben im Spannungsfeld zweier Kulturen. Das Miteinander ist geprägt von gegenseitigem Lernen und Aufeinanderzugehen. Dazu gehört auch das Aushalten von Widersprüchen und ein konstruktiver Umgang mit Konflikten. Alltag in westafrikanisch-deutschen Lebenszusammenhängen bedeutet einen Zugewinn an anderen Perspektiven, die Erweiterung von Denkmöglichkeiten und Handlungsspielräumen. Es bedeutet aber auch die Erschütterung des Gewohnten, Vertrauten und Selbstverständlichen. Daraus erwächst die Chance, eigene Grenzen zu überwinden und gemeinsam etwas Neues zu erschaf-

*Multikulturelles Leben in Frankfurt (Foto: Ulrike Kéré)*

fen. Das bikulturelle Zusammenleben kann somit zu einer persönlichen Bereicherung werden. Interkultureller Alltag bedeutet aber auch ständige Auseinandersetzung mit der sozialen und politischen Realität in diesem Land, mit restriktiver Ausländerpolitik, rassistischer Diskriminierung etc. – eine große Belastung für afrikanisch-deutsche Paare und Familien.

## Angela Merkle
### *Junges Eheleben*[3]

Nach der Hochzeit mehr als eineinhalb Jahre getrennt, Kämpfe um Papiere mit Behörden und der deutschen Botschaft, Termine beim Rechtsanwalt, alle paar Wochen ein Telefonat, wenn die Verbindung nach Nigeria wieder einmal funktionierte. Ab und zu ein Fax: »Wie geht es dir? Wann sehen wir uns wieder?« Gefühlsbäder zwischen Zweifel und Gewissheit, zwischen Sehnsucht und dem Wunsch, der Druck möge endlich aufhören. Und dann plötzlich der Tag, an dem man wieder voreinander steht, morgens um 6.00 Uhr am Frankfurter Flughafen. Mit großem Herzklopfen und der Angst, zuviel investiert zu haben in eine Beziehung, die einem einmal wichtig war, immer noch wichtig ist?

Eine langsame Annäherung ist nicht mehr möglich; die Gefühle müssen im Zusammenleben überprüft werden. Plötzlich ist frau also doch verheiratet, die Hals-über-Kopf-Entscheidung findet endlich ihren Ausdruck im Alltag. Wobei von Alltag natürlich noch lange nicht die Rede sein kann. Nach der ersten Wiedersehensfreude und dem genialen Gefühl, dass unsere Liebe die schlimme Zeit der Trennung überlebt hat, ja sich eher geklärt und gefestigt hat, kam das Neuentdecken der Gefühle, kamen Gedanken und Entwicklungen zutage, die in uns beiden während der Zeit der Trennung entstanden waren. Da wir beide diese Phase in ziemlicher Einsamkeit durchlebt hatten, weil viele Freunde die ganze Tragweite unserer Situation nicht nachvollziehen konnten, blieb eine gewisse Bitterkeit zurück und eine hohe Erwartung an diese Beziehung, in die man soviel Kraft und Energie gesteckt hatte. Von diesem Anspruch müssen wir uns immer wieder herunterholen und uns klarmachen, dass unser Kind »Eheleben« gerade mal anfängt zu laufen und noch keine allzu großen Sprünge machen kann.

---

[3] Aus: *Any moment from now – Länderinformationen für deutsch-nigerianische Paare*. iaf-Publikation, 1998.

Die Schwierigkeiten, die es auch vorher von außen gab, sind immer noch da, die Probleme bei der Arbeitsuche für meinen Mann, das langsame Sich-Eingewöhnen in ein Land, dessen Vertreter ihn in Nigeria wie ein Nichts behandelt hatten, das Aufbauen eines neuen Freundeskreises, das Erlernen der Sprache, die Versuche, die deutschen Eigenheiten zu verstehen usw. Mit der Entscheidung hier zu leben ist das alles für meinen Mann ernster, notwendiger geworden.

Bei mir stellen sich Gedanken ein, wie weit ich zum Bindeglied werden muss, zur Vermittlerin der deutschen Kultur, und wie weit ich meine eigenen Pläne weiterverfolgen kann, z.B. ein neues Studium oder Jobwechsel. Muss ich weiterarbeiten, da dies unsere einzige gesicherte Finanzierung bildet? Wann kann ich mich völlig auf meinen Mann verlassen? Wann wird es so etwas wie Gleichstellung geben? Wie weit können meine Freunde mir in diese Mittelwelt zwischen Nigeria und Deutschland folgen?

Es bleibt spannend abzuwarten, ob wir unsere Träume von einem gemeinsamen Leben verwirklichen können, die oft genug an äußeren Umständen und diffusen ausländerfeindlichen Tendenzen scheitern. Wird meinem Mann hier in meinem Heimatland die Möglichkeit gegeben, eine gute Ausbildung zu machen und hinterher einen qualifizierten Job zu bekommen? Es wäre für mich schwer zu ertragen, wenn ich wüsste, er könnte seine Begabungen und Fähigkeiten, sein abgebrochenes Studium hier nicht nutzen, sondern würde auf lange Frist auf Aushilfsjobs zurückverwiesen.

Manchmal ist es schwer, wenn man Mitte zwanzig ist und mit seinen Wünschen nach mehr Lernen, Ausprobieren und Suchen durch das Ausländergesetz so eingegrenzt und festgelegt wird. Trotzdem sind wir jeden Tag auf der Suche nach unserem Mittelweg zwischen unseren Kulturen, Hintergründen und Wünschen. Wie kann jeder seine Lebensform verwirklichen mit Rücksicht auf die des anderen? Wann essen wir, was essen wir, wie stellt sich jeder das Eheleben vor, wieviel Freiheit und Nähe brauchen wir?

Das bringt Spannung positiver Art. Nie habe ich mich und meine Herkunft so klar definiert gesehen wie in der Auseinandersetzung mit ihm. Mein Verhalten wird gespiegelt durch die Augen eines Nicht-Deutschen, Nicht-Europäers. Ich lerne um Ecken und in Sprüngen zu denken. Sicherheiten an sich gibt es nicht, Übereinkünfte müssen erst getroffen werden, die Basis dafür bleiben unsere Gefühle, das Drumherum, den Aufsatz müssen wir erst basteln. Oft habe ich das Gefühl, dass wir durch unsere

Verschiedenheit vieles an Möglichkeiten, Lebensstilen und Horizonten hinzu gewonnen haben.

Direktem Rassismus begegnen wir eigentlich selten. Und ich muss gestehen, dass ich vorsichtiger bin als mein Mann. Er hat eine sehr offene und unbeschwerte Art auf andere zuzugehen, so dass ich oft von meinen Landsleuten überrascht bin und durch ihn ganz andere Leute kennenlerne. Wer hat mir schon einmal die Wasserkiste nach Hause getragen? Ihm passiert's! Es ist sicher oft nur die Art und Weise, mit der man auftritt, die es einem ermöglicht, gute Erfahrungen zu machen.

Ich genieße es und finde es eine interessante Sache, mit einem nigerianischen Mann zusammenzuleben: wenn man sich einmal daran gewöhnt hat, dass der Samstagsnachmittagskaffee keine Selbstverständlichkeit ist oder dass Weihnachten anders gefeiert wird, wenn man es also schafft, die eigenen Vorstellungen auch in Frage stellen zu können, sich für Neues, Inspirierendes zu öffnen und über all dem das Miteinanderreden nicht vergisst, dann glaube ich, dass es auch weiterhin so spannend bleiben wird.

## Die kulturelle Dimension in der Beziehung

*Wir können den Fremden nicht vereinnahmen. Es gibt verschiedene Welten und wir leben in dieser unauflösbaren Pluralität. Der Fremde ist Subjekt einer eigenen, von uns unterschiedenen Geschichte. Er ist nicht zu reduzieren auf Interpretationsmuster, sondern hat jenseits unseres eigenen Verstehens von sich aus ein Recht auf seine Sicht der Welt.* [4]

Jede Partnerschaft ist mit Auseinandersetzungen verbunden und stellt eine große persönliche Herausforderung für beide Partner dar. In bikulturellen Beziehungen kommt zu der üblichen Mann-Frau-Polarität noch eine weitere, eine kulturelle Dimension hinzu. Jeder Partner bringt sein »Gepäck« mit, seine kulturelle Prägung, seine Wertvorstellungen, seine Auffassung von Ehe und Familie, seine Rollenbilder. Im Idealfall gelingt es, die beiden Kulturen zusammenfließen zu lassen und dabei etwas Neues zu erschaffen, das beiden Seiten Rechnung trägt. Es ist faszinierend zu sehen, was sich aus dem Spannungsfeld der verschiedenen Ansichten und Ge-

---

[4] Aus: Wolfgang Bödeker: *Müssen wir Afrika wirklich verstehen lernen?* In: *Africa Positive* 1/1999.

wohnheiten im Laufe der Zeit entwickeln kann. Das setzt natürlich eine Bereitschaft zur Annäherung voraus und bedarf einer Grundhaltung der Gleichheit und des gegenseitigen Respektes. Die Bereicherung durch eine bikulturelle Beziehung liegt in der Chance, über eingefahrene Verhaltensregeln und Normen hinauszuwachsen, eigene Grenzen zu erkennen und dort, wo es möglich ist, zu überschreiten. Am Ende eines langen Prozesses steht dann oft die Erkenntnis, dass es letztendlich nicht darum geht, den anderen verstehen zu wollen, sondern sich selbst.

Wir neigen oft dazu, unsere eigenen Lebensvorstellungen als allgemeingültig anzusehen und wollen sie unseren Partnern überstülpen, weil wir ja nur ihr Bestes wollen. Aus einer solchen Haltung des Rechthabens kann nichts Neues wachsen. Wir müssen lernen, Gegensätze und Uneindeutigkeiten zuzulassen und auszuhalten. Es müssen nicht alle denken und handeln wie wir. Und vor allem müssen wir nicht immer alles »verstehen« wollen und nicht alles mit unseren Maßstäben bewerten. Es geht vielmehr darum, das Anderssein zu akzeptieren und damit leben zu lernen.

Ein Beispiel dafür ist der Umgang mit typischen Konfliktthemen wie Pünktlichkeit, Treue, Wahrheit etc. Wir sollten uns fragen: Was bedeutet Pünktlichkeit für mich (im deutschen Kontext)? Und was bedeutet sie für meinen Partner (im afrikanischen Kontext)? Auf der Basis dieser Gegenüberstellung muss dann jeder für sich eine Entscheidung treffen: Kann ich mit den Unterschieden leben? Wo sind meine persönlichen Grenzen, was ist verhandelbar?

Dieser Umgang mit kulturellen Unterschieden ist für meine eigene Ehe immer von großer Bedeutung gewesen. Mein Mann und ich kennen uns seit zehn Jahren und sind seit sieben Jahren verheiratet. Wir haben viel voneinander gelernt im Laufe dieser Zeit. Aber nicht, weil einer dem anderen etwas aufzwingen wollte, sondern weil wir immer mehr aufeinander zugehen können und vieles nicht mehr so eng und verbissen sehen. Wichtig ist es, einander Zeit zu lassen. Festgefahrene Verhaltens- und Denkweisen lassen sich nicht von heute auf morgen aufbrechen. Mit der Zeit lernt man anzunehmen, was einem gefällt, und zu anderen Dingen eine kritische, respektvolle Distanz zu wahren. Daraus entstehen eigene Familienrituale, eine ganz neue Familienkultur.

Ich habe von meinem afrikanischen Mann sehr viel Positives gelernt, vor allem Respekt, Geduld und Gelassenheit. Das beinhaltet auch Respekt vor dem Alter, Toleranz gegenüber Andersdenkenden, Höflichkeit, Freundlichkeit und Respekt im alltäglichen Umgang.

Ich habe auch gelernt, nicht alles hier und sofort bereden und zerreden zu müssen und sehe darin inzwischen sogar eine Stärke, die viel Selbstdisziplin und Selbstbeherrschung erfordert. Dazu gehört auch die Fähigkeit, Unstimmigkeiten und verschiedene Meinungen auszuhalten und nebeneinander stehenlassen zu können.

Natürlich habe ich auch eigene Positionen aufgegeben, Abstriche gemacht. Nach jahrelangem Kampf lege ich keinen Wert mehr auf ein »deutsches Familienleben« mit gemeinsamen Sonntagsausflügen ins Grüne. Ich mache meine Sonntagsausflüge inzwischen lieber mit Freunden und habe viel mehr davon. Ich habe auch gelernt, nicht alle meine Bedürfnisse auf meinen Partner abzuladen und dadurch auch nicht diese völlig übersteigerten Erwartungen an ihn zu haben.

Mein Mann hat, wie er sagt, auch bestimmte positive Aspekte übernommen. So hat er beispielsweise gelernt, ein anderes Verhältnis zu seinen Kindern zu haben, eine mehr partnerschaftliche Beziehung, d.h. mehr mit den Kindern zu spielen und auch mehr von ihnen mitzukriegen. Er genießt diese intensive Beziehung, hat es auch als besonders bereichernd und beglückend empfunden, bereits in der Neugeborenen- und Babyzeit einen sehr engen Kontakt zu haben (das Baby baden, herumschleppen, wickeln etc.). In Afrika hätte seine Rolle als Mann ihm gar nicht erlaubt, dies zu erleben.

Während ich in Burkina Faso arbeitete und lebte, hat mich das afrikanische Konzept von Beziehung sehr fasziniert. Ich hatte das Gefühl, hier etwas verwirklichen zu können, was mir immer vorschwebte und was ich eine »reife« Beziehung nenne. Nicht diese völlige Symbiose, dieses Aneinanderkleben bis zur Selbstaufgabe, sondern zwei eigenständige Partner, die ihr eigenes Leben leben und bestimmte Berührungspunkte, gemeinsame Schnittmengen haben (z.B. das Projekt Familie). Ich habe aber auch gemerkt, wie schwierig es ist, eine solche Beziehung in Deutschland zu leben, wo es eben keine Großfamilien und keine Frauen- und Männerwelt gibt. Hier ist man als Paar und als Kleinfamilie viel mehr aufeinander angewiesen und die Erwartungen an den Partner sind viel höher.

Wie weit die Eigenständigkeit der Partner gehen kann, muss verhandelt werden. Jeder muss für sich entscheiden, wo die eigenen Grenzen und Bedürfnisse liegen. Das kann nicht vom ersten Tag an klar sein, sondern braucht viel Zeit zum Austesten und Ausprobieren. Das ist nicht immer leicht und jeder stößt dabei an seine Grenzen. Aber es lohnt sich, Durststrecken gemeinsam zu überwinden, denn nur dann erlebt man die Bereicherung, jenseits der eigenen Grenzen etwas Neues zu erschaffen...

»*Bis heute bin ich tief beeindruckt von dem Maß an Respekt, das mein Mann mir gegenüber gezeigt hat. Er hat sich immer um Respekt bemüht und war mir darin oft voraus. Das hat mir auch gezeigt, was in einer Partnerschaft möglich ist, wenn der einzelne sich bemüht, ganz gleich wie der kulturelle Hintergrund, die Spielregeln, die Rollen sind. In bikulturellen Partnerschaften ist es nötig, von der Kultur des Partners zu wissen, sie mit einzubeziehen, zu achten, aber es ist auch wichtig, dass wir unsere Grenzen überwinden, unsere kulturelle Gebundenheit hinter uns lassen, um uns gegenseitig nähern zu können und etwas Gemeinsames, Neues zu schaffen. Die gleiche Leistung, die in jeder Partnerschaft auch auf der persönlichen Ebene nötig ist.*«*

Almut Hagemann-Doumbia

*Unterwegs in Deutschland (Foto: Ulrike Kéré)*

## Wenn's in der Ehe kriselt – ein Gespräch mit iaf-Beraterinnen

Heidi und Christine bieten seit vielen Jahren Beratungsgespräche für binationale Paare an. Die Autorin sprach mit ihnen über ihre Beratungserfahrungen mit afrikanisch-deutschen Paaren, über typische Probleme, Klischees und Konflikte.

*Autorin:* Mit welchen Fragen oder Problemen wenden sich afrikanisch-deutsche Paare häufig an die iaf?

*Heidi:* Die meisten deutsch-afrikanischen Paare kommen in die Beratung, weil sie heiraten wollen. Es sind oft besonders schwierige Fälle, vor allem, wenn der afrikanische Partner illegal hier lebt – manchmal auch unter falschem Namen. Dazu kommen dann viele rechtliche Probleme. Oder die Paare haben sich im Urlaub kennengelernt und es geht in der Beratung um Fragen wie: Wo heiraten wir? Können wir hier heiraten? Bekommt der afrikanische Partner ein Visum? Oder sollen wir besser dort heiraten?

Ja, und dann gibt es Paare, die schon verheiratet sind und Probleme in der Beziehung haben. Das ist kein repräsentatives Bild, denn die Paare, die keine Probleme haben, kommen natürlich nicht zu uns.

*Christine:* Die häufigste Konstellation in der Beratung ist übrigens deutsche Frau und afrikanischer Mann. Dass deutsche Männer und afrikanische Frauen kommen, ist eher selten.

*Autorin:* Was sind eurer Erfahrung nach die häufigsten Beziehungsprobleme bei deutsch-afrikanischen Paaren?

*Heidi:* Deutsche Frauen bemängeln z.B.: »Ich kann ihm wenig vertrauen; ich kann keine Abmachungen mit ihm treffen; er nimmt mir keine Arbeit ab; er fühlt sich nicht verantwortlich; er lässt mich alles machen; er hat andere Frauen...«

*Christine:* ...und er kann nicht mit Geld umgehen, alles Geld geht in sein Heimatland und er hat permanent Besuch.

*Autorin:* Und welches sind typische Schwierigkeiten, die afrikanische Männer mit ihren deutschen Frauen haben?

*Heidi:* »Sie will immer über Probleme reden; erzählt Beziehungsprobleme überall herum; sie setzt sich nicht dafür ein, dass ich mir hier etwas aufbauen kann; sie hat eben zu viel Angst und vertraut mir nicht, glaubt nicht, dass ich selber etwas auf die Beine stellen kann...«

*Christine:* Das Thema Finanzen ist immer ein sehr heikles Thema, besonders wenn es darum geht, Geld ins Heimatland des afrikanischen Partners zu schicken. Da herrscht bei den deutschen Frauen so eine Ambivalenz zwischen Sich-zwar-verantwortlich-Fühlen und dem Gefühl, dass es ein Fass ohne Boden ist, und dass es irgendwann einfach zuviel wird.

*Heidi:* Da spielen dann auch die unterschiedlichen Konzepte von Groß-familie/Kleinfamilie mit rein. Wie stark ist man wem gegenüber verantwortlich und wo werden die Prioritäten gesetzt? Ich denke, dass viele Frauen hier gar nicht unbedingt sagen: »Du sollst deine Familie nicht unterstützen«, aber das Ausmaß beunruhigt sie – verbunden mit dem Gefühl: Wie wichtig bin ich ihm denn, wenn er praktisch uns hier nichts gibt und alles dahin schickt? Das geht dann schnell weg von der rein finanziellen Ebene hin zu der Frage: »Wie wichtig bin ich ihm eigentlich und wem gilt letztendlich die Loyalität?«

*Autorin*: Deutsche Frauen und afrikanische Männer haben offensichtlich sehr unterschiedliche Vorstellungen von Beziehung und Ehe. Wie sehen eurer Meinung nach die Erwartungen der deutschen Frau und des afrikanischen Mannes aus?

*Heidi:* Also, für eine deutsche Frau, besonders wenn sie einen bestimmten Bildungsgrad hat, ist so eine Ehe Erfüllung der Individualität: Die ultimative Selbstverwirklichung erfolgt in einer Ehe zusammen mit einem Partner, dem man sich mitteilt, mit dem man sich austauscht und auseinandersetzt und sich zusammen weiterentwickeln kann. Man ist furchtbar verliebt bzw. sollte es sein – auch nach zehn Jahren noch...
Dies ist eine Vorstellung von Ehe, die Afrikaner, die ich in der Beratung gesehen habe, nicht geteilt haben. Sie sehen die Ehe mehr als etwas Gegebenes, das man hinnimmt. Man gehört irgendwie zusammen und jeder tut für den anderen das, was ihm zusteht. Die Ehe läuft dann gut, wenn man sich nicht in die Quere kommt und jeder dem anderen das nötige Maß an Wärme und Unterstützung gibt.

*Christine:* Ja, es geht viel stärker um gegenseitiges Versorgen und auch um gegenseitigen Respekt als um diese Fixierung auf Emotionales und um persönliche Weiterentwicklung in der gemeinsamen Auseinandersetzung.

*Autorin:* Wahrscheinlich auch weniger um die romantische Liebe bis zum Sankt Nimmerleinstag.

*Christine:* Klar, dieses romantische Bild von Liebe ist weniger vorhanden. Das wissen die deutschen Frauen im Prinzip auch, doch die Herangehensweise ist trotzdem oft von diesem Bild und dem Wunsch danach geprägt.

*Heidi:* Wenn eine deutsche Frau zu ihrem afrikanischen Mann sagt: »So, jetzt lass mal den Fernseher beiseite, wir müssen mal reden«, dann empfindet er das vielleicht als äußerst erschreckend, weil er denkt: »Was ist denn los, stimmt irgend etwas nicht?« Es kamen auch schon Männer in die Beratung, die gesagt haben: »Ich verstehe gar nicht, was meine Frau hat, es läuft doch alles, es läuft doch wie geschmiert«, und die Frau sagt: »Ich bin todunglücklich.« Ihr fehlt die Ansprache, gemeinsame Unternehmungen, Zweisamkeit eben. Der Mann sagt: »Du hast doch Freundinnen. Warum machst du das nicht mit deinen Freundinnen?«

*Autorin:* Also im Prinzip das afrikanische Konzept der getrennten Männer- und Frauenwelt. Man begegnet sich in der Ehe an bestimmten Punkten, aber man hat nicht das allumfassende Einssein zum Ziel. Sind sich die jeweiligen Partner am Anfang der Beziehung eigentlich ihrer unterschiedlichen Erwartungen bewusst?

*Christine:* Viele wissen es tatsächlich nicht und lassen sich einfach auf die Beziehung ein. Am Anfang, in der großen Verliebtheit, stimmt ja auch meistens alles. Die unterschiedlichen Vorstellungen stellen sich ja häufig erst im Alltag heraus. Und viele Paare haben ja auch gar keine Möglichkeit, erst einmal eine Beziehung zu leben, ohne zu heiraten.

*Heidi:* Viele Beziehungen entstehen aufgrund einer Faszination für das Fremde, und die Frauen stürzen sich kopfüber in dieses »Afrikanische«. Die Ansprüche und Erwartungen der Frau bzw. auch des Mannes werden dann aber im Laufe der Beziehung oft nicht erfüllt.

*Autorin:* Trifft das besonders auf die deutschen Frauen zu, die die afrikanische Gesellschaft nicht kennen, die noch nie in Afrika waren und von daher einfach nicht wissen, auf was sie sich einlassen?

*Heidi:* Nicht unbedingt. Auch wenn sie in Afrika waren: dieses Bild von Afrika, das die deutschen Frauen im Kopf haben, ist nicht rauszukriegen. Zur Zeit kommen viele Bücher heraus über Frauen, die in Afrika gelebt haben und die völlig dieses romantische Bild von Afrika beschreiben: Afrika, ein Kontinent der Zauberei, der Musik, der Spiritualität. Das mag sicher alles auch so sein, aber für die Männer, die hier sind, spielt dies erst mal keine Rolle. Sie sind hier, um zu arbeiten und sich eine Existenz aufzubauen.

*Autorin:* Viele Frauen kommen dann wahrscheinlich an den Punkt, an dem Unsicherheiten auftreten und sie sich die Frage stellen, warum sie überhaupt geheiratet haben. Ist dies in der Beratung ein Thema?

*Heidi:* Das ist Thema, und wir versuchen dann immer, den Blick auf die Vergangenheit zu richten: Was waren die Dinge, von denen sie sich beim Partner angezogen fühlten, als sie sich kennen lernten? Was waren damals ihre Phantasien und Erwartungen und warum fühlen sie sich jetzt vom Partner so enttäuscht? Häufig stellt sich dann heraus, dass z.B. der Mann für die Frau so eine Art Selbstverwirklichung von einem bestimmten Ziel, einem Traum, darstellt. Sie befindet sich auf einem Weg, und er ist eben wie so eine Station, die sie weiterbringen soll. Wenn dies nicht mehr ist, wenn sie das Gefühl hat, dass ein Stillstand in der Beziehung eintritt, dann kommen diese grundsätzlichen Fragen auf.

*Christine:* Was von den deutschen Frauen oft als positiv benannt wird, ist die Gastfreundschaft, die Fröhlichkeit, die Freundlichkeit, diese Wärme. Die Kehrseite der Gastfreundschaft ist dann, dass einem irgendwann der Besuch zu viel wird. Die Kehrseite der Fröhlichkeit ist dann beispielsweise das Gefühl, dass er über Probleme einfach hinweggeht und man sich nicht mehr ernst genommen fühlt. Spontaneität ist wundervoll am Anfang. Nur, wenn die Spontaneität dann beim Geldausgeben und beim Einhalten von Abmachungen auch noch gilt, dann wird es schwierig. Da kommen die Leute verständlicherweise an ihre Grenzen – auf beiden Seiten.

*Heidi:* Das Verhalten ändert sich wahrscheinlich gar nicht mal so stark, aber die Sicht darauf wird eine andere, und das macht vielen Paaren zu schaffen. Bei den Partnern kommt dann das Gefühl auf: »Ja, was willst Du denn?! Ich bin doch immer noch so, wie ich war, und jetzt plötzlich passt es dir nicht mehr.« Also, es ist frappierend, wie oft tatsächlich genau das Verhalten, das am Anfang fasziniert, letztendlich für die Trennung ausschlaggebend wird.

*Christine:* Tja, und das eine ist dann die Theorie und Erfahrung und das andere eben die Hoffnung, dass man es gemeinsam irgendwie schafft. Das ist, wie ich denke, tatsächlich auch der richtige Weg für eine Beziehung: sich gemeinsam einen eigenen Weg zu kreieren. Manche schaffen es und manche schaffen es dann eben nicht. Für beide Seiten stellt sich letztendlich die Frage, was an Zugeständnissen möglich ist.

## Sabine Kriechhammer-Yagmur
*Hinter Weimar hört die Republik auf* oder
*Widerstehen kostet viel Kraft* [5]

Fragen wie »Bist du wirklich Deutsche(r)?« oder »Wann kehrt ihr denn zurück?« haben sie schon oft gehört. Meist machen sie diese Fragen wütend, manchmal können sie gelassen darauf antworten oder sich darüber

---

[5] Aus: *UnPässlichkeiten – Das Lesebuch zum Staatsangehörigkeitsrecht.* iaf-Publikation, 1999.

lustig machen – je nach Tagesform. Sie – das sind die Diallos, eine der vielen afrikanisch-deutschen Familien in Frankfurt am Main: Vater Jean-Claude, Mutter Barbara und die Kinder Jerome (20), David (19), Nimaa (15) und Iréne (13).

Vielfältig geht es in dieser Familie in mancherlei Hinsicht zu: Die Kinder besitzen neben dem deutschen auch einen französischen und einen guineischen Pass, der Vater ist Franzose und Guineer, die Mutter Deutsche. Einer der Söhne tritt gerade seinen Zivildienst an, während der andere sich entschieden hat seinen Wehrdienst abzuleisten. Alle haben einen großen Freundeskreis, den Jean-Claude liebevoll »die bunten Smarties von Frankfurt« nennt. Und sie sind stets in Bewegung: Jean-Claude kam 1968 nach Deutschland, verließ das Land wieder, kehrte zurück und arbeitete als Psychologe mit Flüchtlingen. 1984 folgte er dem Ruf in ein Ministeramt in seinem Heimatland, die Aufgabe reizte ihn. Die Familie ging mit. Und zusammen kehrten sie 1986 nach Frankfurt zurück, als Jean-Claude erkannte, dass das Ministeramt nicht mit seinem Demokratieverständnis vereinbar war – und die Konsequenzen zog.

1997 zog er für die GRÜNEN als ehrenamtlicher Stadtrat in den Frankfurter Magistrat ein. Die Medien interessierten sich auffällig unauffällig für ihn – und außerdem für Ignatz Bubis, der zur gleichen Zeit gewählt wurde. Bei einem der Fototermine, bei denen die beiden gemeinsam abgelichtet werden sollten, flüsterte Bubis Jean-Claude zu: »Wir sind hier die beiden Exoten. Sie der Afrikaner und ich der Jude!«

Eigentlich sieht er selbst sich nicht als Exot. Frankfurt ist sein Zuhause, er fühlt sich hier wohl und kann sich nur schwer vorstellen, woanders zu leben. Die Kinder (drei hier und eines in Guinea geboren), in Frankfurt großgeworden, identifizieren sich mit der Stadt. »Das geht ganz automatisch, ungefähr so, als ob du weißt, dass der Lichtschalter im Badezimmer auf der linken Seite ist«, sagt Jean-Claude. Genau deshalb verstanden die Kinder es nie, wenn man sie fragte, woher sie denn kämen. Dem Unverständnis folgten handfestere Erfahrungen, die bei allen in der Familie Wunden geschlagen haben: dass die beiden Söhne als vermeintliche Dealer verhaftet wurden, dass harmlose Streitereien zwischen Kindern zu rassistischen Attacken gegen die Eltern führten, dass Diskotheken auf einmal Clubs waren, in die nur (weiße) Mitglieder eingelassen wurden. »Das waren harte, bittere Momente, da fühlst du dich total ausgeliefert«, erinnert sich Jean-Claude. »Es ist nötig, in solchen Momenten zu widerstehen. Dazu sind der Austausch untereinander und die gegenseitige Unterstützung sehr wichtig.« Dass seine Kinder trotz negativer Erfahrungen ein differenziertes Bild von Frankfurt und seinen BewohnerInnen erhalten, daran arbeitet er hart. Die einschneidenden rassistischen An- und Übergriffe, die alle Familienmitglieder kennen, machen es ihm und seiner Frau schwer gegenzusteuern. Und er selbst hat für sich sehr klare Grenzen gezogen. »Hinter Weimar hört für mich die Republik auf!« Das bedeutet: Wenn er als Referent in ein östlicheres Bundesland eingeladen wird, lehnt er die Teilnahme freundlich, aber bestimmt ab. In Berlin bewegt er sich ausschließlich im Westen der Stadt, in Kreuzberg fühlt er sich wohl – und sicher. »Bestimmte Erfahrungen muss man nur einmal machen – ich will es mir nicht zumuten, sie zu wiederholen«, begründet Jean-Claude seine Haltung.

Fragt man ihn danach, welche Bedeutung die Staatsangehörigkeit für ihn hat, antwortet er rasch und entschieden: »Gar keine. Für mich ist das eine Reihe, die sich fortsetzt: Nationalität – national – Nationalismus. Ich kann mich dafür begeistern, wenn Eintracht Frankfurt aufsteigt. Aber: der Bessere soll gewinnen. In der deutschen Nationalmannschaft wünsche ich mir mehr bunte Menschen, das entspräche der gesellschaftlichen Realität in diesem Lande.«

Jean-Claude hat sich bewusst gegen die deutsche Staatsangehörigkeit entschieden. Als EU-Bürger braucht er sie auch nicht unbedingt, sein Aufenthalt ist gesichert und ein Minimum an politischer Beteiligung möglich. Besäße er den französischen Pass nicht, hätte er sich einbürgern lassen, aber nur aus pragmatischen Gründen. »Wenn du als Drittstaatler in ein Land der EU reisen willst, wirst du bei den Botschaften und Konsulaten teilweise wie ein Verbrecher behandelt. Du hast viele Pflichten, aber keine Rechte.«

Die Kinder haben sich im Zuge der Staatsangehörigkeitsdebatte bewusst dafür entschieden, sich auch einen französischen Pass ausstellen zu lassen – ihre sehr deutliche Art der Abgrenzung gegenüber einer emotionalisierten und irrationalen Debatte in Deutschland. Sie empfinden den deutschen Pass nicht als Luxusgut, sondern als Mindestgut für Menschen, die ihren Lebensmittelpunkt hier haben. »Sollen wir denn immer vor der Haustür stehen bleiben?«, fragt Jean-Claude angriffslustig und fährt fort: »Niemand kann etwas für die Nationalität, die er besitzt. Worauf also stolz sein? Stolz bin ich auf meine eigenen Leistungen, meine Familie, etc. Aber doch nicht auf ein Stück Papier!«

# Die junge Generation

Barbro Krüger
## »AfroDeutsch!« – ein erfolgreiches Projekt
## für afrodeutsche Kinder und Jugendliche

Schwarz und deutsch. Ein Widerspruch?

Seit Jahrhunderten leben Schwarze in Deutschland. Schwarze Deutsche sind ein selbstverständlicher Teil dieser Gesellschaft. An ihre Präsenz hat sich die deutsche Gesellschaft allerdings noch immer nicht gewöhnt.

Schwarz und deutsch. Das passt für viele weiße Deutsche noch immer nicht zusammen, obwohl sie doch längst in einer multi-ethnischen Gesellschaft leben. Afrodeutsche bilden in Deutschland eine Bevölkerungsgruppe, die sich über eine gemeinsame Geschichte definiert: als Schwarze in einer weißen Gesellschaft aufgewachsen zu sein. Ihre Existenz als Minderheit wird jedoch noch immer kaum wahrgenommen. Schwarze Deutsche machen allzu oft die Erfahrung, dass sie allein aufgrund ihres äußeren Erscheinungsbildes nicht für deutsche StaatsbürgerInnen gehalten werden (»Wo kommst du her?«).

Die Begriffe »schwarze Deutsche« und »Afrodeutsche« wurden 1986 von afrodeutschen Frauen in Zusammenarbeit mit der amerikanischen Dichterin Audre Lorde als Ausdruck ihrer (bi-)kulturellen Herkunft geprägt, um mit einer selbstbestimmten Terminologie den mit Vorurteilen und Rassismen behafteten Bezeichnungen wie »Mischlinge«, »Mulatten« oder »Farbige« etwas entgegenzusetzen.

*Fremde im eigenen Land*

Die Auseinandersetzung mit ihrer Wahrnehmung durch andere ist eine zentrale Erfahrung im Alltag schwarzer Deutscher. Schwarzen Kindern wird von klein auf vermittelt, dass ihrem Aussehen eine besondere Bedeutung zukommt und sie als fremd und »anders« angesehen werden. Sie müssen damit leben lernen, dass allein ihre Hautfarbe zum Anlass genommen wird, ihre gesellschaftliche Zugehörigkeit in Frage zu stellen. Die gesellschaftliche Realität stellt folglich an afrodeutsche Heranwachsende hohe individuelle Anforderungen, wenn es darum geht, ein positives Selbstbild zu entwickeln. Durch die Erfahrung, sich im eigenen Land permanent erklären zu müssen, werden sie gezwungen sich mit Fragen der eigenen Herkunft und Zugehörigkeit auseinanderzusetzen.

*Afrodeutsches Mädchen (Foto: Ulrike Kéré)*

Die Sozialisationsbedingungen schwarzer Kinder in Deutschland sind zudem durch einen tiefgreifenden Mangel an schwarzen Vorbildern und positiven Identifikationsmöglichkeiten gekennzeichnet, der die Entwicklung eines gesunden Selbstwertgefühls erschwert.

## Rassismus

Die deutsche Staatsbürgerschaft garantiert schwarzen Deutschen zwar formal gleiche Rechte, schützt aber nicht vor Rassismus und Diskriminierung. Ausgrenzungs- und Diskriminierungserfahrungen gehören ebenso zum schwarzen deutschen Alltag wie die Konfrontation mit Stereotypen und Klischees über schwarze Menschen. In ihnen sieht man vor allem gute TänzerInnen, MusikerInnen, Models oder SportlerInnen, denen eine gewisse »Exotik« anhaftet. Schwarzsein gilt inzwischen in Deutschland zumindest in der Entertainmentbranche als »cool« und attraktiv. (»*Black sells.*«) Gleichzeitig sind Schwarze in diesem Land zunehmend von rassistischen Übergriffen bedroht. Rechte Gewalttäter greifen gezielt schwarze Menschen an und sehen keinen Unterschied darin, ob ihre Opfer einen deutschen oder ausländischen Pass besitzen. Die Erfahrung von Rassismus beschränkt sich jedoch nicht nur auf offensichtlich feindselige Attacken. Rassismus ist für schwarze Deutsche allgegenwärtig, von Kindheit an bekommen sie den Alltagsrassismus in allen Erscheinungsformen zu spüren. Rassistische Diskriminierung ist aber keine subjektive Einzelerfahrung schwarzer Menschen, sondern ein gesellschaftliches Problem und muss als solches erkannt und bekämpft werden.

## Initiative ergreifen

Mit dem Projekt »AfroDeutsch!« wollen wir uns als Eltern schwarzer Kinder organisieren und engagieren. Das Projekt besteht seit 1997 und hat sich inzwischen als feste Einrichtung unseres Vereins in Bremen etabliert. Unser Ziel ist es, afrodeutschen Kindern und Jugendlichen ein Stück »Wir«-Gefühl zu vermitteln, ihnen einen Raum zu schaffen, in dem sie einmal unter sich sind, andere afrodeutsche und afrikanische Mädchen und Jungen kennenlernen können und regelmäßige Kontakte untereinander haben können. Wir wollen als Eltern etwas tun, damit sich unsere Kinder in ihrer Haut wohl fühlen und selbstbewusst durchs Leben gehen.

## Treffpunkte

Wir haben regelmäßige Angebote für Kinder verschiedener Altersgruppen. Mit einem differenzierten Gruppenangebot möchten wir den unterschiedlichen Interessen der Kinder gerecht werden.

Unser »AfroSpielkreis« für Kinder bis ca. sechs Jahre findet alle drei Wochen statt und ist ein offenes Angebot für Eltern mit kleinen Kindern zum Kennenlernen und Austausch. Zwei junge schwarze Frauen stehen uns als Kinderbetreuerinnen zur Seite. Zwischen zehn und zwanzig Kinder kommen regelmäßig zum Spielen und Toben in den »AfroSpielkreis«.

Mädchen und Jungen, die aus dem Spielkreis ›herausgewachsen‹ sind, treffen sich einmal im Monat zu gemeinsamen Freizeitaktivitäten. Wir gehen Schwimmen oder ins Kino, machen Ausflüge und Museumsbesuche, kochen, spielen und tanzen, gehen Schlittschuhlaufen oder zu Sportveranstaltungen. Kurz gesagt, wir organisieren etwas, was Kindern Spaß macht.

Die Idee, feste Gruppen einzurichten, deren Aktivitäten mit den Kindern ›mitwachsen‹, hat sich sehr bewährt. Es ist ein freiwilliges Angebot, das sich direkt an die Kinder richtet. Mittlerweile gibt es bei uns drei Mädchengruppen und eine Jungengruppe, an denen rund 40 afrodeutsche Kinder und Jugendliche zwischen sechs und vierzehn Jahren teilnehmen. Und dass alle Kinder gerne und regelmäßig mitmachen, dass Freundschaften entstehen, zeigt – ebenso wie das Interesse und die positive Resonanz vieler Eltern –, dass wir auf dem richtigen Weg sind.

Darüber hinaus veranstalten wir jedes Jahr einen Workshop zu »Haarpflege & Frisuren« für afrodeutsche Mädchen und ihre Mütter, um Tipps zu geben und uns von fachkundigen afrikanischen Frauen beraten zu lassen. Vor allem aber wollen wir unseren Töchtern zeigen, welche vielfältigen Möglichkeiten ihr in der Regel als ›problematisch‹ empfundenes Haar bietet. Außerdem geben wir Tipps zu Büchern und Spielmaterialien, die auch für schwarze Kinder Identifikationsmöglichkeiten bereithalten. Und Familienausflüge, Feste, Informationsabende sowie eine überregionale Familienfreizeit gehören ebenfalls

*Foto: Ulrike Kéré*

zu unserem Jahresprogramm. Die gemeinsamen Aktivitäten hinterlassen bei allen Beteiligten immer wieder einen nachhaltigen Eindruck. Sie stärken den Rücken, geben Kraft für den Alltag und fördern eine Verbundenheit, die von Kindern und Eltern als Bereicherung erfahren wird.

Spezielle Projekte für afrodeutsche Kinder und Jugendliche gibt es z.Z. bei den iaf-Gruppen in Bremen, München, Berlin und Frankfurt am Main. Kontaktadressen finden sich im Anhang.

Veronika Kabis-Alamba
*Du steckst nicht in meiner Haut* [6]

Wenn afrodeutsche Kinder Rassismus erleben, fühlen sich ihre Mütter oft hilflos. Dabei ist es nicht die Hautfarbe, die sie von ihren Kindern trennt, sondern es ist die andere Erfahrungswelt, in die sie nicht hinüberwechseln können.

Dennis war vier Jahre alt, als es das erste Mal passierte. Er kam vom Spielplatz nach Hause, begann sich zu kratzen und erklärte seiner Mutter entschieden, dass er seine braune Haut nicht mehr haben wolle. Julia bestand kurz vor der Einschulung darauf, sich ihr Haar glätten zu lassen, nachdem sie zuvor immer wieder erfolglos versucht hatte, die Locken vor dem Spiegel glatt zu bürsten. Ihren Müttern hat es einen Stich versetzt, denn für sie war es keine Frage, dass die braune Haut und die Haare ihrer afrodeutschen Kinder etwas Schönes und Besonderes sind.

Schlagartig wurde ihnen klar, dass es da eine andere Seite gibt, die des Kindes nämlich, das sich nach der Kleinkindphase, in der es alle »so süß« fanden, zunehmend bewusst wird, dass es anders aussieht als die meisten anderen – wo es doch für Kinder zunächst nichts Wichtigeres gibt, als einfach dazuzugehören. Dann ist auch der Zeitpunkt nicht mehr fern, an dem sie zum ersten Mal Ausgrenzung erleben. Dennis' und Julias Mütter haben damals gemerkt, dass es nicht damit getan ist, den Kindern ihr binationales Dasein als etwas Bereicherndes zu erklären, sie zu trösten oder sich kämpferisch vor sie zu stellen. Irgendwann begannen ihre Kinder, ihnen nicht mehr alles zu erzählen und ihnen das Gefühl zu vermitteln, sie müssten da alleine durch – auch um ihre Mütter zu schonen.

Es ist eine deutliche Erleichterung unter den zehn Frauen zu verspüren, die sich beim Seminar für afrodeutsche Familien getroffen haben, als sie

---

[6] Aus: *taz*, 13.3.2000.

nach der ersten Gesprächsrunde feststellen, dass sie nicht alleine mit ihren Nöten dastehen. Und dass sie endlich einmal offen darüber reden können, ohne sich anhören zu müssen, dass sie es besser hätten wissen müssen, als sie sich entschlossen haben, Kinder mit einem schwarzen Partner zu haben. Doch es ist nicht nur der Erfahrungsaustausch untereinander, der diese Veranstaltung für die Frauen so wichtig macht. Es ist die Anwesenheit von Ika Hügel-Marshall, die den Gesprächen eine andere Wende gibt.

Ika Hügel-Marshall ist schwarze Deutsche, sie gehört der Generation der oftmals verpönten »Besatzungskinder« an und hat mit ihrer Autobiografie »Daheim unterwegs« (erschienen im *Orlanda-Frauenbuchverlag*) für Aufsehen gesorgt. Für die weißen Mütter in der Runde ist es eine einmalige Gelegenheit, offene Worte aus einer anderen Perspektive zu hören: aus der Sicht einer Frau, die all das kennt, was ihre Kinder heute erleben, und die es bewusst reflektiert hat.

Wie gehe ich damit um, wenn mein Sohn das Gefühl hat, der Lehrer habe es nur auf ihn abgesehen, weil er Afrodeutscher sei? Beschwichtigen, sich lieber ruhig halten, damit der Junge nicht noch mehr abkriegt, den Kindern vorsichtig beibringen, dass sie nicht immer alles auf ihre Hautfarbe beziehen sollen? Ika Hügel-Marshall lässt keinen Zweifel offen: »Nein, was ein afrodeutsches Kind erlebt, wie es sich fühlt – es hat immer mit der Hautfarbe zu tun. Wenn ihr es herunterspielt, bestärkt ihr nur diejenigen, die immer meinen, wir Schwarze seien überempfindlich.«

Die Mütter sind dankbar für die klaren Worte. Sie können hier aussprechen, was sonst tabu ist: ihre Schuldgefühle, die sie eigentlich nicht haben müssten, da nicht sie schuld am Rassismus der Gesellschaft sind. Die aber doch da sind, wenn die Tochter sagt, sie hätte es gewiss manchmal einfacher, wenn sie weiß wäre – aber dies zögerlich, fast entschuldigend vorbringt, als müsse sie ihre Mutter ein bisschen trösten. Irgendwie erwarten die Seminarteilnehmerinnen von Ika Hügel-Marshall, dass sie sie freispricht von ihren heimlichen Schuldgefühlen. Ein wenig tut sie das auch: »Ich weiß, wie sehr ihr eure Kinder liebt. Und trotzdem muss ich euch sagen, dass viele schwarze Deutsche aus meiner Generation nicht gut auf euch zu sprechen sind. Ich sehe das anders, meine Mutter hat mir sehr viel gegeben, obwohl es damals so viel schwerer war als heute. Sie war völlig allein mit einem schwarzen Kind, heute seid ihr viele.« Es scheint manchmal eine unsichtbare Grenze zwischen den Müttern und ihren Kindern zu verlaufen. »Du wirst mich nie verstehen, du steckst eben nicht in meiner Haut«, warf eine Vierzehnjährige ihrer Mutter einmal vor. Dabei ist es natürlich nicht die Hautfarbe, die sie trennt, sondern es sind die unterschiedlichen Erfahrungswelten, in die sie nicht wirklich hinüberwechseln können. Die Kinder müssen ihre Haut immer zu Markte tragen, die Mütter genießen letzten Endes das Privileg, der weißen Mehrheitsgesellschaft anzugehören. »Manchmal erreiche ich meine Tochter einfach nicht; natürlich haben wir eine ganz normale Mutter-Tochter-Beziehung, aber es gibt einen Punkt, an dem ich ihr nicht weiterhelfen kann. Ich kann ihr sagen, dass ich sie verstehe, aber eigentlich wissen wir beide, dass das nur ein Teil der Wahrheit ist«, berichtet eine Teilnehmerin, und es spricht ein wenig Resignation aus ihren Worten.

Übereinstimmend berichten die Mütter afrodeutscher Kinder über Erfahrungen, die sie in Schulen und Kindergärten machen. Bringen sie vorsichtig am Elternabend ein, dass es Kinder oder gar PädagogInnen gibt, die rassistische Wörter gebrauchen, stoßen sie auf Empörung: »Ihr Kind muss lernen, damit umzugehen. Wenn wir ›Neger‹ sagen, meinen wir damit nichts Schlechtes.« Doch gerade dieses Wort sitzt den afrodeutschen Familien wie ein Stachel im Fleisch.

Und was ist mit den schwarzen Vätern? Eine weitere heikle Frage. Die einen haben sich schon lange aus der Familie verabschiedet, das macht es nicht einfacher. In anderen Fällen sind es wiederum die Frauen, die auch sie beschützen wollen oder müssen – oder aber die Wut der Männer auf die weiße Gesellschaft abkriegen. Der Zwiespalt wird deutlich, denn am Ende sind die Frauen doch ein Teil davon. »Ich verstehe meinen Mann ja, aber auf einmal meine ich, die Deutschen verteidigen zu müssen«, berichtet eine Mutter, »alle sind doch nicht rassistisch. Ich werde gezwungen, Stellung zu beziehen, dabei ist es ein unmöglicher Spagat, den ich machen soll. In solchen Momenten sitze ich zwischen allen Stühlen.«

An die Kinder selbst werden viele unterschiedliche Ansprüche gerichtet. Für ihre Eltern sollen sie Botschafter, Vorreiter sein für eine tolerante, multikulturelle Gesellschaft. Sie sollen auch die Kultur des schwarzen Elternteils vertreten und kennen doch oft nur deren folkloristische Oberfläche. Außerhalb der Familie wiederum erleben sie, dass sie bestimmte Klischees bedienen und vermeintliche schwarze Talente besitzen sollen: Schwarze sind sportlich, musikalisch, schön. Glück gehabt, wenn es so ist – aber was machen die anderen, die diese Eigenschaften nicht besitzen? Für afrodeutsche Kinder ist es mitunter schwer, einfach sie selbst zu sein, immer bestimmen andere, wie sie zu sein haben.

An diesem Seminarwochenende beim Verband binationaler Familien und Partnerschaften sind siebzehn afrodeutsche Kinder zusammen. Am

Abend frage ich meinen Sohn beiläufig, wo denn der Papa von seinem neuen Freund Dennis herkommt. »Keine Ahnung, ist mir doch egal«, bekomme ich zurück und fühle mich kalt erwischt.

*Mutter und Tochter (Foto: Ulrike Kéré)*

## May Ayim
*sein oder nichtsein*[7]

in deutschland großgeworden habe ich gelernt, daß
afrikaner
stärker transpirieren, das arbeiten
nicht so gewohnt sind
auf einer anderen entwicklungsstufe stehen.
      manche sagen auch:
      die stinken, sind faul, primitiv.

---

[7] Aus: May Ayim: *Nachtgesang. Gedichte.* Orlanda Frauenverlag. Berlin 1997, S. 17-18.

in deutschland großgeworden habe ich gelernt, daß
rückständigkeit schon von außen
                    und von weitem
erkennbar ist:
an der hautfarbe, dem kopftuch, der beschneidung,
dem islam, dem analphabetismus, dem nomadentum,
dem körperbau, der gangart, den sprachlauten
und daß
man/frau
was tun muß! retten muß! bewundern muß!

in deutschland großgeworden habe ich gelernt, daß
mein name
                »neger(in)« heißt
und die menschen
                zwar gleich, aber verschieden sind
und ich in gewissen punkten etwas überempfindlich bin.

In deutschland großgeworden habe ich gelernt,
zu bedauern
schwarz zu sein, »mischling« zu sein, deutsch zu sein,
nicht deutsch zu sein, afrikanisch zu sein,
nicht afrikanisch zu sein, deutsche eltern zu haben,
afrikanische eltern zu haben,
exotin zu sein, frau zu sein.

in deutschland großgeworden, bin ich unterwegs
weg vom: hautfarbesein, nationalitätsein,
religionsein, parteisein,
großsein, kleinsein, intelligentsein, dummsein,
sein oder nichtsein
auf dem weg zu mir
auf dem weg zu dir.


May Ayim (1960-1996), afrodeutsche Lyrikerin ghanaisch-deutscher Herkunft, war eine der Gründerinnen der bundesweiten »Initiative Schwarze Deutsche und Schwarze in Deutschland«.

# Rechtliche Informationen

## Eheschließungen zwischen WestafrikanerInnen und Deutschen

Die in diesem Kapitel aufgeführten Informationen erheben keinen Anspruch auf Vollständigkeit. Es würde an dieser Stelle den Rahmen sprengen, sie in größerer Ausführlichkeit darzustellen. Jedes Paar sollte sich beim Standesamt nach speziellen Anforderungen in Bezug auf das entsprechende Heimatland erkundigen.

Weitere Informationen finden Sie in der iaf-Publikation *»Binationaler Alltag in Deutschland. Ratgeber für Ausländerrecht, Familienrecht und interkulturelles Zusammenleben«*, Brandes & Apsel Verlag, Frankfurt a.M.

### Eheschließung in Deutschland

Eheschließungen in Deutschland müssen, um rechtsgültig zu sein, vor dem Standesamt geschlossen werden. Bei einer binationalen Eheschließung sind aufgrund der unterschiedlichen Staatsangehörigkeit der Ehepartner zwei nationale Rechtssysteme berührt, in denen das Ehe- und Familienrecht sehr unterschiedlich geregelt sein kann. Grundsätzlich soll eine binationale Eheschließung in Deutschland dem Heimatrecht des ausländischen Partners/der ausländischen Partnerin nicht widersprechen. Das Standesamt hat zu berücksichtigen, dass eine solche Eheschließung auch im Heimatland des Partners/der Partnerin gültig ist, und prüft daher, ob die Verlobten nach ihrem jeweiligen Heimatrecht die Ehe schließen dürfen.

Voraussetzung für die Eheschließung bei deutschen Staatsangehörigen ist, dass sie unverheiratet, volljährig und geschäftsfähig sind und mit dem/der Verlobten nicht im ersten Grad (Geschwister) oder zweiten Grad (Cousin/Cousine) verwandt sind. Diese Voraussetzungen werden auch bei dem/der ausländischen Verlobten geprüft und sind durch entsprechende Dokumente nachzuweisen.

Eine Ehe zwischen einem/einer Deutschen und einem/einer Verlobten aus einem westafrikanischen Land, die in der Bundesrepublik Deutschland geschlossen wird, ist zwar unter Berücksichtigung des Rechtes des einzelnen Landes zustande gekommen, aber deshalb noch nicht automatisch in diesem Land rechtsgültig. Sie wird dies erst mit der Anerkennung durch die Behörden des Heimatlandes, z.b. bei einem deutsch-ghanaischen Paar durch die Registrierung bei der ghanaischen Botschaft.

*Erforderliche Dokumente zur Eheschließung*

Deutsche Verlobte benötigen für die Anmeldung zur Eheschließung in Deutschland in der Regel:

- eine Geburtsurkunde oder beglaubigte Abschrift aus dem Familienbuch der Eltern;
- einen gültigen Personalausweis oder Reisepass;
- eine Aufenthaltsbescheinigung der zuständigen Meldestelle;
- falls sie bereits einmal verheiratet waren, benötigen sie zusätzlich das rechtskräftige Scheidungsurteil.

Verlobte aus Westafrika benötigen für die Eheschließung in Deutschland in der Regel:

- eine Geburtsurkunde, ausgestellt von der Heimatbehörde, beglaubigt von einer übergeordneten Behörde des entsprechenden Landes (z.b. Innenministerium);
- eine Ledigkeitsbescheinigung, ausgestellt von der Heimatbehörde und ebenfalls von einer übergeordneten Behörde des Heimatlandes beglaubigt;
- zusätzlich zur Ledigkeitsbescheinigung – oder in Ausnahmefällen als Ersatzdokument, wenn keine Ledigkeitsbescheinigung ausgestellt werden kann – können schriftliche eidesstattliche Erklärungen, sogenannte »Affidavits«, von den Verlobten selbst, von Eltern oder Geschwistern verlangt werden, die die Ehefähigkeit bekräftigen;
- das eigentlich benötigte Ehefähigkeitszeugnis stellt keines der westafrikanischen Länder (Burkina Faso, Côte d'Ivoire, Gambia, Ghana, Nigeria, Senegal, Togo) in der für Deutschland erforderlichen Form aus. Deshalb benötigen die Angehörigen dieser Staaten stets die Befreiung von der Beibringung des Ehefähigkeitszeugnisses durch das Oberlandesgericht. Der Antrag auf Befreiung wird über das deutsche Standesamt beim zuständigen Oberlandesgericht gestellt, wenn die oben genannten Dokumente beglaubigt und in deutscher Übersetzung dem Standesamt vorliegen – was mehrere Monate Zeit in Anspruch nehmen kann. Wird diesem Antrag stattgegeben, dann gelten die vorgelegten Dokumente als anerkannt;

- einen gültigen Pass. Liegt kein Pass vor, so kann in Ausnahmefällen auch mit einem Ersatzdokument, z.B. mit der Aufenthaltsgestattung bei Asylverfahren, die Ehe geschlossen werden. Für die anschließende Erteilung der Aufenthaltserlaubnis ist jedoch auf jeden Fall ein gültiger Pass erforderlich;
- eine aktuelle Meldebescheinigung, nicht älter als acht Tage;
- bei Verlobten, die geschieden sind, das gültige Scheidungsurteil.

Diese Dokumente verlangen die Standesämter und Oberlandesgerichte meist in legalisierter Form.

*Legalisation der Dokumente*

Seit Mai 2000 hat sich in verschiedenen Ländern, darunter auch in allen hier genannten westafrikanischen Ländern, die Legalisationspraxis für ausländische Dokumente geändert.

Während sich früher die Privatpersonen um die Legalisation bei den deutschen Botschaften bemühen mussten, übernehmen heute die Standesämter diese Aufgabe. Die Kosten hierfür trägt der Urkundeninhaber und entrichtet sie an das deutsche Standesamt. Ergebnisse der Überprüfung erhält nur das Standesamt, nicht der ausländische Partner/die ausländische Partnerin. Etwaige Unstimmigkeiten müssen mit dem Standesamt geklärt werden.

Grundsätzlich gilt: Alle ausländischen Dokumente zur Eheschließung müssen dem deutschen Standesamt in deutscher Übersetzung vorgelegt werden und dürfen nicht älter als sechs Monate sein. Viele der Oberlandesgerichte, die die Befreiung von der Beibringung eines Ehefähigkeitszeugnisses genehmigen müssen, akzeptieren unter Umständen Dokumente, die älter als sechs Monate sind, wenn die Zeitverzögerungen nachweislich allein durch das Legalisationsverfahren und ohne Verschulden der Verlobten entstanden sind.

*Geduldeter Aufenthalt bis zur Eheschließung*

Für heiratswillige WestafrikanerInnen, die in der Bundesrepublik Deutschland über keinen verfestigten Aufenthalt (befristete oder unbefristete Aufenthaltserlaubnis, Aufenthaltsberechtigung) verfügen oder die grundsätzlich mit einer Beendigung ihres Aufenthaltes rechnen müssen, schwinden die Chancen auf eine Eheschließung in Deutschland.

Wenn der Aufenthalt aus asyl- oder ausländerrechtlichen Gründen nicht verlängert und eine Ausweisung verfügt wird, dann ist eine Eheschließung oft nur noch möglich, wenn nachgewiesen werden kann, dass eine Eheschließung unmittelbar bevorsteht. Die Ausländerbehörde kann hierfür eine Duldung erteilen, muss es aber nicht. Die Duldung ist keine Aufenthaltsgenehmigung. Sie besagt lediglich, dass die Ausweisung um eine bestimmte Frist ausgesetzt wird, und sie kann mit verschiedenen Auflagen verbunden sein. Eine Duldung erlischt immer mit dem Verlassen des Landes.

Erfolgt die Eheschließung noch in Deutschland, so fordern die Ausländerbehörden den/die westafrikanische/n EhepartnerIn meist auf, nach der Heirat auszureisen und ein Visum zur Familienzusammenführung bei der deutschen Botschaft im Herkunftsland zu beantragen, um anschließend eine Aufenthaltserlaubnis zu erhalten.

*Heirat bei illegalem Aufenthalt*

Eheschließungen bei illegalem Aufenthalt sind kaum noch möglich, da die Standesämter verpflichtet sind, einen illegalen Aufenthalt der Ausländerbehörde unverzüglich zu melden. Da illegaler Aufenthalt einen Ausweisungsgrund darstellt, kann der/die sich in Deutschland illegal aufhaltende Verlobte noch auf dem Standesamt verhaftet und anschließend abgeschoben werden.

Gelingt es – zum Beispiel mit Hilfe eines Anwaltes – die Ausländerbehörde davon zu überzeugen, eine Duldung bis zur unmittelbar bevorstehenden Eheschließung auszusprechen, kann sich der/die Verlobte polizeilich anmelden und die erforderliche Meldebescheinigung vorlegen. Auch wenn in einem solchem Fall eine Heirat in Deutschland noch möglich wird, heißt dies nicht, dass keine ausländerrechtlichen Konsequenzen mehr aufgrund des illegalen Aufenthaltes entstehen. Außerdem wird nach der Heirat eine Ausreise gefordert, um die Familienzusammenführung über die deutsche Botschaft im Heimatland durchzuführen.

Ist eine Eheschließung nicht mehr möglich und eine Ausreise unumgänglich, sollte unbedingt versucht werden, am besten mit anwaltlicher Hilfe, dass keine zwangsweise Abschiebung durchgeführt, sondern eine freiwillige Ausreise ermöglicht wird. Dazu stellt die zuständige Ausländerbehörde eine Grenzübertrittsbescheinigung aus, die eine kontrollierte Ausreise (Gegenzeichnung bei der Passkontrolle) gewährleistet. Vor Ausstellung einer Grenzübertrittsbescheinigung sind ein Flugticket und ein gültiger Nationalpass vorzulegen. Fehlen diese, kann von der entsprechenden Botschaft des Heimatlandes in Deutschland eventuell ein Ersatzdokument ausgestellt werden. Oftmals ist es hilfreich, wenn die deutschen

Verlobten ihre PartnerInnen bei den Behördengängen unterstützen.

*Einreise zum Zweck der Eheschließung*

Lebt der/die ausländische Verlobte im Ausland, möchte aber seine/ihren deutsche/n Verlobte/n in Deutschland heiraten, so beantragt er/sie ein Eheschließungsvisum bei der deutschen Botschaft im Heimatland. Bei der Beantragung dieses Einreisevisums müssen zum einen alle Dokumente, die für eine Eheschließung von WestafrikanerInnen in Deutschland erforderlich sind, in entsprechender Form dem deutschen Standesamt vorliegen, zum anderen wird gleichzeitig bei der Antragstellung geprüft, ob alle Voraussetzungen für eine Familienzusammenführung gegeben sind.

Erfahrungsgemäß erteilen erst dann die deutschen Botschaften ein entsprechendes Visum zur Eheschließung, wenn sie von der Ernsthaftigkeit des Ehewillens überzeugt sind und natürlich alle Dokumente auf ihre Richtigkeit überprüft haben. Es ist auch möglich, dass die Botschaften erst dann ein Einreisevisum ausstellen, wenn der Heiratstermin bereits feststeht. Dieser Termin wird bei der Anmeldung zur Eheschließung beim Standesamt in Deutschland vereinbart. Hierzu ist die Anwesenheit beider Verlobter erforderlich. Der/die westafrikanische Verlobte kann auch vom Ausland aus der Anmeldung zur Eheschließung beitreten mithilfe einer sogenannten Beitrittserklärung, einer Vollmacht für den/die deutsche/n Verlobte/n, die Anmeldung allein vorzunehmen.

## Eheschließung in Westafrika

Die Eheschließung zwischen einem/einer Deutschen und einem/einer westafrikanischen Staatsangehörigen in dessen/deren Heimatland muss ortsüblich erfolgen, in der Regel vor einem zivilen Standesamt, damit die Ehe auch in Deutschland Rechtsgültigkeit erlangt.

Voraussetzung für eine Eheschließung ist meist, dass einer/eine der Verlobten seinen/ihren Wohnsitz oder Aufenthalt im Amtsbezirk des Standesamtes hat, vor dem die Ehe geschlossen werden soll. Die Heimatbehörde schreibt nicht zwingend Dokumente wie Geburtsurkunde, Ledigkeitsbescheinigung oder andere rechtsgültige Unterlagen vor, sondern lässt sich teilweise von den Verlobten schriftlich an Eides statt erklären, dass keine Ehehindernisse vorliegen und die Angaben zur Person der Wahrheit entsprechen. Ausländische Dokumente müssen in der Regel je nach Land in englischer oder französischer Übersetzung vorgelegt werden.

Welche Unterlagen erforderlich und welche Gebühren zu entrichten sind, sollte am besten direkt bei dem Standesamt erfragt werden, bei dem die Ehe geschlossen werden soll.

Deutsche Verlobte benötigen für die Eheschließung in einem westafrikanischen Land in der Regel:

– einen gültigen Reisepass;
– ein gültiges Visum oder eine Aufenthaltserlaubnis für das entsprechende Land. Die Beantragung und Erteilung dieses Visums bei der entsprechenden westafrikanischen Botschaft in Deutschland kann in der Regel eine bis vier Wochen dauern. Zur Zeit werden entweder ein Einladungsschreiben aus dem Heimatland oder ein Einkommensnachweis verlangt, die bescheinigen, dass der Lebensunterhalt für die Dauer des Aufenthaltes gesichert ist. Es ist aber durchaus auch möglich, dass auf diese Nachweise verzichtet wird. Teilweise ist eine Bestätigung über ein Flugticket vorzulegen und eine Gebühr zu entrichten;
– für eine Einreise sind verschiedene Impfungen vorgeschrieben (z.B. Nigeria: Impfung gegen Gelbfieber). Außerdem werden Impfungen gegen Tetanus, Polio, Hepatitis A und eine Malariaprophylaxe empfohlen. Weitere Informationen sind bei Gesundheitsämtern und Tropeninstituten zu erhalten;
– bei einer früheren Ehe ist das gültige Scheidungsurteil in der Regel in beglaubigter englischer bzw. französischer Übersetzung vorzulegen;
– eine Geburtsurkunde bzw. ein Auszug aus dem Familienbuch der Eltern ist nicht zwingend vorgeschrieben, wird aber teilweise von westafrikanischen Standesämtern als Nachweis der Ehefähigkeit gewünscht;
– eine aktuelle Meldebescheinigung wird ebenfalls manchmal als Nachweis über einen festen Wohnsitz in Deutschland verlangt.

*Legalisation westafrikanischer Heiratsurkunden*

Grundsätzlich gilt, dass im Ausland geschlossene Ehen in Deutschland ebenso gültig und anerkannt sind, wenn sie entsprechend dem Recht des Eheschließungsortes wirksam geschlossen wurden. Dementsprechend ist ein Anerkennungsverfahren für eine im Ausland rechtsgültig geschlossene Ehe nicht notwendig. Allerdings verlangen die deutschen Behörden eine legalisierte Heiratsurkunde, damit den deutschen Behörden im Inland die Prüfung der Frage erspart werden kann, ob die Ehe ortsüblich wirksam geschlossen wurde. Die deutsche Auslandsvertretung ist wegen der Ortsnähe viel eher in der Lage zu überprüfen, ob das Ortsrecht bei der Eheschließung eingehalten wurde.

Die bei der standesamtlichen Eheschließung ausgestellte Heiratsurkunde erhält nach der Prüfung durch die deutsche Botschaft einen Legalisierungsvermerk und damit die Form, auf die deutsche Behörden im Bundesgebiet vertrauen.

Zur Legalisation wird die Originalheiratsurkunde der deutschen Botschaft vorgelegt. Diese prüft, ob das entsprechende Standesamt zur Eheschließung berechtigt war und ob der unterzeichnende Standesbeamte mit seiner Unterschrift als eingetragener Standesbeamter dazu ermächtigt war. Dazu wird die Heiratsurkunde noch einmal an das Standesamt zur Bestätigung zurückgegeben. Da üblicherweise die Legalisation der Heiratsurkunde zusammen mit einer Antragstellung zur Familienzusammenführung erfolgt, prüft die deutsche Botschaft gleichzeitig, ob die Personalangaben in der Heiratsurkunde mit den anderen angegebenen und abgefragten persönlichen Daten übereinstimmen. Solche Daten erhält die deutsche Botschaft z.B. durch eine Abfrage bei der Datenbank des Ausländerzentralregisters (angesiedelt beim Bundesverwaltungsamt in Köln) in Deutschland und durch eine meist getrennte persönliche Befragung der Eheleute.

Ist eine Legalisation erfolgt, wird die legalisierte Heiratsurkunde dem/der deutschen EhepartnerIn zugeschickt. Mit dieser kann beim Einwohnermeldeamt zum Beispiel die Steuerklasse geändert oder gegenüber dem deutschen Standesamt eine Erklärung zur Namensführung abgegeben werden. Die Namenserklärung kann bis zu fünf Jahre nach der Eheschließung erfolgen. Oft wird bei dieser Gelegenheit vom deutschen Standesamt empfohlen, ein Familienbuch anzulegen. Dazu müssen allerdings sämtliche ausländischen Urkunden in übersetzter und legalisierter Form vorliegen. Dies entspricht im Prinzip dem Verfahren, das für eine Eheschließung in Deutschland erforderlich wäre. Zur Anlage eines Familienbuches ist man nicht verpflichtet. Eine übersetzte und legalisierte ausländische Heiratsurkunde reicht als Nachweis der gültigen Eheschließung aus.

## Eheschließung in einem Drittland

Bevor sich ein deutsch-westafrikanisches Paar für eine Eheschließung in einem anderen Land außerhalb Deutschlands oder Westafrikas entscheidet, sollte unbedingt geprüft werden,
– ob er/sie im gewählten Land visumpflichtig ist;
– welche Voraussetzungen für eine Eheschließung dort zu erfüllen sind;
– ob eine Wiedereinreise nach Deutschland nach erfolgter Eheschließung problemlos möglich ist.

Für WestafrikanerInnen besteht in den meisten europäischen Ländern Visumpflicht, z.B. in Dänemark, den Niederlanden, Frankreich, Italien, der Tschechischen Republik, Großbritannien, um nur einige zu nennen. Vor einer geplanten Eheschließung ist also ein Visum zu beantragen oder ein anderer Aufenthaltsstatus für das gewählte Land nachzuweisen.

Einige dieser Länder verlangen von dem/der deutschen Staatsangehörigen ein Ehefähigkeitszeugnis, das beim Standesamt des Wohnsitzes in Deutschland zu beantragen ist. Für diesen Antrag ist die legalisierte Geburtsurkunde und Ledigkeitsbescheinigung des/der westafrikanischen Verlobten erforderlich, denn ein deutsches Ehefähigkeitszeugnis wird nur für die Heirat mit einem/einer bestimmten PartnerIn ausgestellt. Für deutsch-westafrikanische Paare, die sich zu einer Heirat im Ausland entschließen, weil sie Schwierigkeiten mit der Beibringung legalisierter westafrikanischer Dokumente haben, scheiden also diese Länder für eine Eheschließung aus.

Die Wiedereinreise nach Deutschland nach erfolgter Eheschließung im Drittland ist nur dann problemlos möglich, wenn der/die westafrikanische PartnerIn ein Aufenthaltsrecht für Deutschland zum Zeitpunkt der Ausreise hatte. Bestand kein ausreichendes Aufenthaltsrecht (z.B. Duldung, Aufenthaltsgestattung), dann ist ein Visum zur Familienzusammenführung bei der deutschen Auslandsvertretung im Herkunftsland zu beantragen.

Nur wenn der/die westafrikanische EhepartnerIn in dem Drittstaat seinen/ihren gewöhnlichen Aufenthalt hat und diesen durch einen entsprechenden Aufenthaltsstatus nachweisen kann, ist die Familienzusammenführung nach Deutschland über die deutsche Botschaft in dem Drittstaat möglich. Ein Touristenvisum, das nur einen kurzfristigen Aufenthalt erlaubt, reicht dazu nicht aus. Deshalb ist oft die Familienzusammenführung über die deutsche Botschaft in dem entsprechendem westafrikanischen Land zu betreiben, auch wenn die Eheschließung in einem Drittstaat problemlos durchgeführt werden konnte.

*Eheschließung in Dänemark*

Vor der Eheschließung müssen die Eheleute mindestens eine Woche am Ort der Eheschließung polizeilich gemeldet sein. Zur Eheschließung benötigt das Paar je eine Geburtsurkunde und einen gültigen Pass mit einer Meldebescheinigung in Deutschland. Personen, die in Deutschland nicht polizeilich gemeldet sind – weil sie noch im Heimatland leben – und keine Meldebescheinigung zur Vorlage beim dänischen Standesamt beibringen können, müssen eine Ledigkeitsbescheinigung aus ihrem Heimatland oder von der Botschaft ihres Heimatlandes vorlegen. AusländerInnen, die darüber hinaus für die Einreise nach Dänemerk ein Visum benötigen, erhalten dieses über die dänische Botschaft oder über dänische Konsulate, wenn der Reisepass noch mindestens sechs Monate Gültigkeit hat und nach dem beabsichtigten Besuch der Aufenthalt in Deutschland noch mindestens drei Monate gestattet ist. In jedem Fall ist zu empfehlen, sich direkt mit der dänischen Behörde in Verbindung zu setzen, bei der die Heirat geplant ist. Kleine Kommunen an der deutsch-dänischen Grenze sind auf deutsch-ausländische Paare eingestellt. Dort wird deutsch gesprochen und es werden deutschsprachige Merkblätter versendet, wie z.B. durch die Kommune Tonder:

> Komune Tonder
> Kongevej 57
> DK-6270 Tonder/Dänemark
> Telefon: 0045-74721810

## Familienzusammenführung nach Deutschland

Nach einer Eheschließung im Ausland stellt der/die westafrikanische EhepartnerIn unter Vorlage der Heiratsurkunde bei der zuständigen deutschen Auslandsvertretung einen Antrag auf ein Visum zur Familienzusammenführung. Für WestafrikanerInnen ist die zuständige deutsche Auslandsvertretung in der Regel die deutsche Botschaft in dem entsprechenden westafrikanischen Land (Nigeria: Lagos; Côte d'Ivoire: Abidjan; Ghana: Accra; Togo: Lomé; Senegal: Dakar; Burkina Faso: Ouagadougou; Gambia: Dakar/Senegal). Hat das Paar allerdings in einem Drittland geheiratet, in dem es einen Aufenthaltsstatus nachweisen kann, der es berechtigt, die Familienzusammenführung über die deutsche Auslandsvertretung in diesem Drittland zu betreiben, so ist es von dort aus möglich.

### Voraussetzungen für die Familienzusammenführung

Der Antrag auf Familienzusammenführung wird bei der deutschen Botschaft eingereicht. Es werden weitere Dokumente beigelegt, wie zum Beispiel Heiratsurkunde, Passbilder etc., die je nach Herkunftsland differieren und deshalb am besten direkt bei der Botschaft erfragt werden.

Die Botschaft setzt sich mit der zuständigen Ausländerbehörde im Bundesgebiet in Verbindung, da sie ihre Zustimmung für die Erteilung des Visums benötigt. Die Ausländerbehörde prüft, ob Einreisehindernisse im Inland vorliegen (zum Beispiel Straftaten, Einreisesperren wegen erfolgter

Abschiebung). Hierfür wird eine Anfrage an das Ausländerzentralregister (AZR)[8] oder/und an das Schengen-Informations-System (SIS)[9] gestellt. Erfolgte z.B. eine Abschiebung, dann ist die damit verbundene unbefristete Ausweisung nachträglich zu befristen, und es sind die entstandenen Abschiebekosten (z.B. Kosten für Flug, Abschiebehaft, Begleitpersonal) zurückzuzahlen, um die Einreisesperre aufzuheben.

Ein weiteres Einreisehindernis liegt vor, wenn der/die AntragstellerIn in Deutschland bereits wegen einer Straftat rechtskräftig verurteilt worden ist (zur Zeit drei Jahre Strafhaft). Dann kann trotz Eheschließung mit einem/einer Deutschen die Einreise für einen bestimmten Zeitraum verweigert werden.

Des weiteren kann eine dauerhafte Ausweisung aus einem anderen Schengen-Mitgliedsstaat, die z.B. bei einer SIS-Abfrage festgestellt wird, ein Einreisehindernis darstellen. Bevor ein Visum für Deutschland erteilt wird, ist bei dem beteiligten Schengen-Mitgliedsstaat das bestehende Einreisehindernis auszuräumen. Die deutsche Botschaft kann auch unabhängig von der deutschen Ausländerbehörde Überprüfungen durchführen oder andere Behörden um Amtshilfe bitten, z.B. das Bundeskriminalamt oder die Landeskriminalämter. In diesem Zusammenhang findet meist eine erkennungsdienstliche Erfassung statt, z.B. um Fingerabdruck- und Bildvergleiche vorzunehmen.

Zeit- und kostenintensiv gestalten sich Familienzusammenführungen dann, wenn die deutsche Botschaft Zweifel an der Echtheit und Glaubwürdigkeit der Urkunden hat oder Zweifel an der Identität des/der westafrikanischen Antragstellers/Antragstellerin bestehen. Die deutsche Botschaft schaltet zu weiteren Prüfungen einen sogenannten Vertrauensanwalt der Botschaft auf Kosten der AntragstellerInnen ein. Sie geht davon aus, dass es zur Zeit in den westafrikanischen Ländern ohne weiteres möglich ist, gegen einen relativ geringen Betrag »echte« Personenstands- und Heiratsurkunden von verschiedenen Stellen zu erhalten.

Darüber hinaus führt die deutsche Botschaft auch in Zusammenarbeit

---

[8] Im AZR sind die persönlichen und ausländerrechtlichen Daten aller AusländerInnen, die in Deutschland leben und gelebt haben, sowie derjenigen, die einen Visumsantrag gestellt haben, gespeichert. Das AZR ist eine der größten Datensammlungen in Deutschland. Ca. 4000 Behörden, darunter die deutschen Auslandsvertretungen, die Ausländerbehörden und der Bundesgrenzschutz, haben rund um die Uhr Zugriff auf die Daten.

[9] Das SIS ist eine entsprechende Datenbank auf europäischer Ebene, zu der analog Behörden der Schengen-Mitgliedsstaaten Zugriff haben.

mit der Ausländerbehörde Befragungen der Paare in getrennten »Interviews« durch, bei denen u.a. auch Fragebögen zur Beantwortung vorgelegt werden, mit denen Näheres über die Motive der Eheschließung herausgefunden werden soll. Zweifel an der Glaubwürdigkeit der AntragstellerInnen bestehen oft dann, wenn die Ergebnisse der getrennten Befragung voneinander abweichen.

Einige Ausländerbehörden verlangen nach unseren Erfahrungen den Nachweis eines ausreichenden Wohnraumes und eines gesicherten Lebensunterhaltes (kein Bezug von Sozialhilfe und Arbeitslosenhilfe), obwohl es keine gesetzlichen Grundlagen dafür gibt (§ 23 Ausländergesetz).

## Klage bei Ablehnung der Familienzusammenführung

Die Entscheidung darüber, ob ein Visum zur Familienzusammenführung erteilt wird, trifft die deutsche Botschaft in dem entsprechenden westafrikanischen Land im Einvernehmen mit der deutschen Ausländerbehörde. Wird das Visum zur Familienzusammenführung abgelehnt, so muss die Ablehnung seit Mai 2000 begründet werden. Die AntragstellerInnen können hiergegen ihren begründeten Widerspruch einlegen und leiten damit ein sogenanntes Remonstrationsverfahren ein. In diesem Verfahren prüft die Botschaft nochmals sorgfältig den Antrag unter Beachtung des vorgebrachten Widerspruchs und entscheidet ein zweites Mal. Revidiert die Botschaft ihre erste Entscheidung, so wird das Einreisevisum erteilt. Bestätigt sie die erste Ablehnung, so lehnt sie das Visum ein zweites Mal ab. Gegen die wiederholte Ablehnung bleibt den AntragstellerInnen nur noch die Klage beim Verwaltungsgericht in Berlin. Klageverfahren dauern sehr lange, zur Zeit ca. zwei Jahre. Dies bedeutet für das Paar zusätzliche Belastungen und weitere Trennung.

## Einreise

Erst wenn das Visum zur Familienzusammenführung erteilt ist, kann eine Einreise nach Deutschland erfolgen und anschließend bei der Ausländerbehörde des Wohnortes eine Aufenthaltserlaubnis beantragt werden. Die Aufenthaltserlaubnis wird in der Regel für drei Jahre und anschließend unbefristet erteilt, vorausgesetzt, dass die eheliche Lebensgemeinschaft besteht. Die Ausländerbehörde kann aber hiervon abweichen und zuerst nur eine einjährige Aufenthaltserlaubnis erteilen, anschließend eine zweijährige und nach drei Jahren ehelicher Lebensgemeinschaft eine unbefristete.

## Namensführung

Binationale Ehepaare haben das Recht, bei der Eheschließung in Deutschland ihren Ehenamen nach deutschem oder ausländischem Namensrecht zu wählen.

Entscheidet sich das deutsch-westafrikanische Paar für deutsches Namensrecht, dann kann jeder/jede EhepartnerIn den Nachnamen weiterführen, den er/sie bei der Eheschließung geführt hat. Will das Paar einen gemeinsamen Familiennamen führen, dann kann dazu entweder der Geburtsname der Ehefrau oder des Ehemannes gewählt werden, nicht aber ein anderer Name, der im Laufe des Lebens erworben worden ist. Derjenige/diejenige EhepartnerIn, der/die den Nachnamen aufgibt, kann den eigenen Geburtsnamen oder den zur Zeit der Eheschließung geführten Namen voranstellen oder anhängen.

Der Familienname eines Kindes bestimmt sich nach dem gemeinsamen Ehenamen der Eltern; haben diese keinen gemeinsamen Ehenamen gewählt, dann muss gegenüber dem Standesamt ein Ehename eines Elternteils zum Geburtsnamen des Kindes bestimmt werden. Einigen sich die Eltern nicht, kann das Vormundschaftsgericht einem Elternteil das Namensbestimmungsrecht übertragen.

## Aufenthaltsstatus

Menschen, die in Deutschland leben und nicht die deutsche Staatsangehörigkeit haben, unterstehen dem deutschen Ausländerrecht, von dem auch der/die deutsche PartnerIn und Kinder aus binationalen Familien betroffen sind. Auch für deutsch-westafrikanische Familien bedeutet dies, dass das Zusammenleben in Deutschland nur mit einer Aufenthaltsgenehmigung möglich ist.

Die Aufenthaltsgenehmigung ist der Oberbegriff für die verschiedenen Aufenthaltstitel, die im § 5 des Ausländergesetzes (AuslG) aufgeführt sind:
- die befristete oder unbefristete Aufenthaltserlaubnis;
- die Aufenthaltsberechtigung;
- die Aufenthaltsbewilligung und
- die Aufenthaltsbefugnis.

Für Asylsuchende gelten andere rechtliche Bestimmungen, die im Asylrecht und Asylverfahrensrecht geregelt sind. Sie erhalten für die Dauer ihres Asylverfahrens einen erlaubten Aufenthalt in Form der Aufenthalts-gestattung. Eine Duldung ist keine Aufenthaltsgenehmigung. Sie ist ledig-lich die einseitige Erklärung der Ausländerbehörde, von der Durchführung der Abschiebung vorübergehend abzusehen.

Eine Aufenthaltsgenehmigung kann die Ausländerbehörde grundsätz-lich widerrufen, wenn die jeweiligen Voraussetzungen dafür nicht mehr gegeben sind, z.B. wenn die eheliche Lebensgemeinschaft bei binationalen Paaren nicht mehr besteht.

Darüber hinaus verfällt eine Aufenthaltsgenehmigung, wenn nach einer Ausreise die Wiedereinreise nicht innerhalb einer Frist von sechs Monaten erfolgt ist. Sie kann erhalten bleiben, wenn vor der Ausreise von der Aus-länderbehörde eine entsprechende Erlaubnis eingeholt wurde.

## Befristete Aufenthaltserlaubnis

Nach der Eheschließung in Deutschland legt der/die westafrikanische PartnerIn die Heiratsurkunde der Ausländerbehörde vor und beantragt die Aufenthaltserlaubnis. Maßgebend für die Erteilung der Aufenthaltserlaub-nis an nicht-deutsche Familienangehörige deutscher StaatsbürgerInnen ist der § 23 des Ausländergesetzes. Der Aufenthalt wird für die Herstellung und Wahrung der familiären Lebensgemeinschaft erteilt. Hierfür ist die Vorlage eines gültigen Passes notwendig und es darf kein Ausweisungs-grund vorliegen (z.B. illegaler Aufenthalt, Verurteilung).

In der Regel wird nach der Eheschließung eine befristete Aufenthalts-erlaubnis erteilt. Sie kann auf drei Jahre ausgestellt werden, aber es gibt zahlreiche Ausnahmen, die eine kürzere Frist vorsehen, z.B. wenn sich der/die nichtdeutsche PartnerIn vor der Eheschließung als Asylbewerber oder als Tourist oder mit einer Duldung in Deutschland aufgehalten hatte. In diesen Fällen kann die befristete Aufenthaltserlaubnis auf ein Jahr oder auch auf wenige Monate erteilt werden. Bei jeder Verlängerung wird er-neut geprüft, ob die Voraussetzungen weiterhin gegeben sind.

Wurde nach einer Eheschließung im Ausland die Familienzusammen-führung betrieben und erfolgte die Einreise mit einem entsprechenden Visum, so muss innerhalb der gültigen Frist des Visums ein formaler An-trag auf Aufenthaltserlaubnis bei der Ausländerbehörde gestellt werden. Es wird dann in der Regel ohne weitere Prüfung eine befristete Aufent-haltserlaubnis erteilt.

Vor der Ersterteilung einer Aufenthaltserlaubnis kann die Ausländerbe-hörde die Vorlage eines Gesundheitszeugnisses verlangen, ausgestellt von einem Amtsarzt oder Hausarzt. Das Gesundheitszeugnis ist gebührenpflichtig und soll nachweisen, dass keine ansteckenden Krankheiten vorliegen, wobei das tatsächliche Vorliegen solcher Krankheiten kein Hinderungsgrund für eine Aufenthaltserlaubnis nach § 23 Ausländergesetz sein dürfen.

## Unbefristete Aufenthaltserlaubnis

Nach drei Jahren legalem Aufenthalt und ehelicher Lebensgemeinschaft in Deutschland können westafrikanische EhepartnerInnen Deutscher die unbefristete Aufenthaltserlaubnis beantragen. Diese ist in der Regel zu erteilen, wenn die eheliche Lebensgemeinschaft fortbesteht, kein Ausweisungsgrund vorliegt und sich der/die westafrikanische PartnerIn auf einfache Art in deutscher Sprache mündlich verständigen kann.

## Aufenthaltsberechtigung

Die Aufenthaltsberechtigung ist der höchste und sicherste Aufenthaltsstatus unterhalb der Staatsbürgerschaft und sollte deshalb beantragt werden. Sie kann erteilt werden, wenn die Aufenthaltserlaubnis seit fünf Jahren besteht und der Lebensunterhalt aus eigener Erwerbstätigkeit, eigenem Vermögen oder sonstigen Eigenmitteln gesichert ist. Weiterhin darf keine Verurteilung während der drei vorangegangenen Jahre bestanden haben.

Außerdem ist der Nachweis zu erbringen, dass mindestens für sechzig Monate Pflichtbeiträge oder freiwillige Beiträge zur gesetzlichen Rentenversicherung gezahlt wurden. Hier reicht es aus, wenn nur einer der Ehepartner diese Voraussetzung erfüllt.

Eine Aufenthaltsberechtigung kann nicht ohne weiteres wieder entzogen werden und gewährt weiterreichende Rechte, wie z.B. den Anspruch auf Sozialhilfebezug ohne aufenthaltsrechtliche Konsequenzen.

## Eigenständiger Aufenthalt

Die erteilte Aufenthaltserlaubnis nach der Eheschließung ist zwei Jahre lang an die Bedingung der ehelichen Lebensgemeinschaft in Deutschland gebunden. Das heißt, dass eine Trennung in den ersten zwei Ehejahren den Aufenthalt gefährdet. Nach zwei Jahren tritt ein eigenständiger, vom Zusammenleben und Verheiratetsein unabhängiger Aufenthaltsstatus ein.
Zu berücksichtigen ist, dass die Zeit, in der die Ehe im Ausland geführt wurde, nicht mitgerechnet wird. Gezählt wird erst ab dem Zeitpunkt, in dem z.B. der nachgezogene nichtdeutsche Ehepartner im Besitz einer Auf-

enthaltserlaubnis ist. Auch Zeiten der Duldung werden nicht gerechnet. Darüber hinaus ist für die Berechnung der Zeiten die Definition der ehelichen Lebensgemeinschaft ausschlaggebend, die von den Behörden als ›häusliche Lebensgemeinschaft‹ interpretiert wird. Trennt sich ein Paar und melden sich die Partner in verschiedenen Wohnungen an, und sei es auch nur vorübergehend, dann kann dies den Aufenthalt des/der westafrikanischen Partners/Partnerin gefährden.

In Härtefällen kann ein eigenständiger Aufenthalt vor Ablauf von zwei Jahren eintreten, wenn eine besondere Härte vorliegt. Sie kann auch durch Gründe im Inland geltend gemacht werden, z.B. wenn Misshandlungen durch den Ehepartner erfolgten.

## Arbeitsgenehmigung

Arbeitsgenehmigung und Aufenthaltsstatus sind eng miteinander verknüpft. Das Arbeitsamt darf eine Arbeitsgenehmigung nur dann erteilen, wenn dies ausländerrechtlich nicht ausgeschlossen ist. AusländerInnen, die im Besitz einer unbefristeten Aufenthaltserlaubnis bzw. einer Aufenthaltsberechtigung sind, brauchen keine Arbeitsgenehmigung mehr, um arbeiten zu dürfen. Man unterscheidet die Arbeitserlaubnis und die Arbeitsberechtigung. Näheres ist im Sozialgesetzbuch (SGB), III. Buch, geregelt.

WestafrikanerInnen, die mit einem/einer deutschen Familienangehörigen in familiärer Lebensgemeinschaft leben und eine nach § 23 Ausländergesetz erteilte Aufenthaltserlaubnis besitzen, erhalten die Arbeitsberechtigung, die unabhängig von der Lage und Entwicklung des Arbeitsmarktes und ohne Beschränkungen auf einen bestimmten Betrieb erteilt wird.

Nach EU-Recht gilt für alle Familienangehörigen von EU-Bürgern aus Drittstaaten unabhängig von ihrer Staatsangehörigkeit das Recht eine Arbeit aufzunehmen. Dabei sind sie von der Arbeitsgenehmigungspflicht befreit, solange der/die deutsche EhepartnerIn selbst berufstätig ist. Vielen Arbeitgebern sind diese Regelungen nicht bekannt, sie fordern daher in der Regel die Vorlage einer Arbeitsgenehmigung. Auf Wunsch bestätigt das zuständige Arbeitsamt, dass arbeitsgenehmigungsfrei beschäftigt werden darf.

Die befristete oder unbefristete Aufenthaltserlaubnis ist meist mit einer Auflage versehen, die die selbständige Erwerbstätigkeit oder vergleichbare unselbständige Erwerbstätigkeit untersagt. Dies bedeutet, dass die Eröffnung eines Geschäftes, einer Gaststätte oder eines anderen Unternehmens nicht erlaubt ist. Die Genehmigung, in einer ganz bestimmten Branche selbständig tätig zu werden, kann die Ausländerbehörde nach Rücksprache mit dem Gewerbeaufsichtsamt erteilen. Die Aufenthaltsberechtigung darf dagegen nicht mehr mit einer Auflage oder einer bestimmten Einschränkung verbunden werden.

## Besuch aus Westafrika

Wollen Familienangehörige oder Freunde aus Westafrika die Familie in Deutschland besuchen, so müssen sie dazu bei der deutschen Botschaft in ihrem Land ein Touristenvisum beantragen. Hierfür ist der deutschen Botschaft in dem entsprechenden Land eine Verpflichtungserklärung des Gastgebers aus Deutschland nach § 84 Ausländergesetz sowie ein Nachweis über den Abschluss einer Reisekrankenversicherung vorzulegen. Die Einladenden verpflichten sich mit dieser Erklärung, für alle Kosten aufzukommen, die im Rahmen des Touristenaufenthaltes entstehen. Hierzu zählen z.B. Kosten für ärztliche Behandlungen, die durch die Reisekrankenversicherung nicht abgedeckt sind.

Die Verpflichtungserklärung wird gegenüber den Ausländerbehörden oder auch im Rathaus (Einwohnermeldestelle) unterzeichnet. Dabei prüfen die Behörden die Bonität, d.h. die Zahlungsfähigkeit des Gastgebers. Hierfür sind Nachweise über die Höhe des monatlichen Einkommens sowie über die Größe und die Kosten der Wohnung vorzulegen. Weiterhin ist anzugeben, gegenüber wieviel Personen Unterhaltsverpflichtung besteht. Die monatlichen Aufwendungen werden dem Einkommen gegenübergestellt und anhand einer Tabelle berechnet, ob und wie viele Personen aus dem Ausland eingeladen werden dürfen. Familien mit einem geringen Einkommen oder Arbeitslose und Studenten können folglich keinen Besuch von Familienangehörigen aus dem Ausland in das Bundesgebiet einladen.

Besonderes Augenmerk legen die deutschen Auslandsvertretungen darauf, dass die AntragstellerInnen ihre Rückkehrbereitschaft glaubhaft machen können. Nachweise von Grundbesitz oder einer festen Arbeitsstelle im Heimatland können hierzu dienen, ebenso die Tatsache, dass allein gereist wird ohne Ehepartner und Kinder. Trotzdem werden Touristenvisa für WestafrikanerInnen immer wieder abgelehnt. Es gibt keinen Rechtsanspruch auf Erteilung und die Entscheidung darüber liegt allein bei der deutschen Botschaft in dem westafrikanischen Land.

So ist es für Kinder aus deutsch-afrikanischen Familien eher eine Ausnahme, dass Oma und Opa oder Onkel und Tanten einfach mal so zu Besuch kommen können. Für viele von ihnen ist der Kontakt zum westafrikanischen Teil der Familie nur über Reisen in das Land möglich. Und bei der zunehmend schwierigen ökonomischen Situation vieler binationaler Familien scheitern Familienbesuche sowohl von Westafrika nach Deutschland als auch umgekehrt an den fehlenden finanziellen Mitteln.

Wird ein Touristenvisum erteilt, das maximal für die Dauer von drei Monaten ausgestellt wird und nur für bestimmte Fälle eine Verlängerung vorsieht, so geschieht dies in der Regel in Form eines Schengen-Visums. Inhaber eines Schengen-Visums können während der Zeit des Touristenaufenthaltes neben Deutschland eingeschränkt auch andere Schengen-Mitgliedsstaaten besuchen. Dies bedeutet aber auch, dass ein Schengen-Touristenvisum von der deutschen Botschaft nicht erteilt wird, wenn für den/die AntragstellerIn z.B. in Frankreich eine Einreisesperre vorliegt, obwohl einer Einreise nach Deutschland nichts entgegenstehen würde. Es gibt daneben noch die Form eines nationalen Visums, das in bestimmten Situationen zur Gültigkeit kommt.

Ein Touristenvisum berechtigt nur zum Touristenaufenthalt und schließt eine Arbeitsaufnahme oder eine Ausbildung aus. Es kann auch nicht nachträglich in ein anderes Visum oder einen anderen Aufenthaltsstatus umgewandelt werden. Eine Ausnahme ist dann möglich, wenn z.B. während des Touristenaufenthaltes eine Eheschließung erfolgt und damit ein Anspruch auf Aufenthalt für den/die westafrikanische/n Verlobte/n begründet werden kann. In einem solchen Fall darf der Entschluss zur Eheschließung erst während des Touristenaufenthaltes getroffen worden sein. Einige Ausländerbehörden stellen so einen kurzfristigen Entschluss dann in Frage, wenn die Dokumente zur Eheschließung schon seit langem vorbereitet und im Koffer mitgebracht wurden.

## Trennung und Scheidung

Genauso wie Menschen – egal welcher kultureller und nationaler Herkunft – sich ineinander verlieben und heiraten, entscheiden sich viele von ihnen, sich wieder zu trennen und sich scheiden zu lassen. Die Scheidungsrate von binationalen Paaren ist der von deutschen Paaren vergleichbar. In der Regel werden binationale Paare und Familien von den gleichen Schwierigkeiten geschüttelt, die alle anderen auch betreffen: finanzielle Probleme, sehr unterschiedliche Vorstellungen von Kindererziehung, Macht-kämpfe zwischen Mann und Frau, psychische Probleme eines Partners, um nur einige zu nennen. Kulturelles Beiwerk, wie zum Beispiel umfangreiche Verpflichtungen gegenüber der Herkunftsfamilie, stärkere Verwurzelung in Tradition und Religion, andere Vorstellungen von Ehe und Familie können natürlich besondere Belastungen auch für deutsch-westafrikanische Familien darstellen. Unterschiedliche Prägungen hinsichtlich Moral, der Art und Weise sich mitzuteilen und die Entscheidung darüber, was wem mitzuteilen ist, bieten darüber hinaus ein weites Feld für Missverständnisse und Konflikte.

Was immer die Ursache für das Scheitern einer Ehe oder Beziehung sein mag, in der Regel ist eine Trennung für alle Beteiligten eine sehr schmerzhafte Erfahrung. Oft dauert es lange, bis der Trennungsschmerz überwunden ist und die ehemaligen Partner Wege finden, ihr Leben unabhängig voneinander wieder neu zu organisieren. Wenn es gemeinsame Kinder gibt, so gilt es darüber hinaus einen Weg zu finden, die Verantwortung für die Kinder auch weiterhin gemeinsam zu tragen. Vielen Betroffenen erscheint dies im emotionalen Stress der Trennung völlig unmöglich und es braucht daher oft viel Zeit und Unterstützung durch Freunde, Verwandte oder Beratungsstellen, bis dies für die Beteiligten möglich wird.

## Nach welchem Recht wird geschieden?

Bei deutsch-westafrikanischen Paaren ergibt sich, wie bei anderen binationalen Paaren auch, im Falle einer Trennung und Scheidung die Frage, welches nationale Recht anzuwenden ist.

Im Internationalen Privatrecht (IPR) ist geregelt, welches nationale Recht unter welchen Bedingungen wann Anwendung findet. Grundsätzlich kann man davon ausgehen, dass das Recht des Landes gilt, in dem die Familie gewöhnlich ihren gemeinsamen Aufenthalt hat. Das anzuwendende Recht kann sich also im Laufe der Zeit ändern, wenn der gemeinsame Aufenthaltsort sich ändert. Für deutsch-westafrikanische Paare, die in Deutschland leben, gilt also deutsches Recht, unabhängig davon, ob die Eheschließung in Deutschland oder Westafrika stattgefunden hat.

## Scheidungsfolgen

Die Scheidungsfolgen richten sich grundsätzlich nach dem Scheidungsstatut. Wenn eine deutsch-westafrikanische Ehe nach deutschem Recht

geschieden wird, dann gehört zu den Scheidungsfolgen:
- der Versorgungsausgleich;
- der Ehegatten- und Kindesunterhalt;
- die Aufteilung des Hausrats und
- die Zuweisung der Ehewohnung.

Der Zugewinnausgleich, die vermögensrechtliche Auseinandersetzung der Eheleute, kann – muss aber nicht – im Rahmen des Scheidungsverfahrens geregelt werden.

Die elterliche Sorge für gemeinsame Kinder während der Trennung und nach der Scheidung ist im deutschen Recht als gemeinsame Sorge vorgesehen. Die alleinige Sorge kann nur auf Antrag an das Familiengericht erwirkt werden. Nur wenn schwerwiegende Gründe gegen den anderen Elternteil vorgebracht werden können, die das Wohl des Kindes beeinträchtigen, gibt es Chancen, das alleinige Sorgerecht zugesprochen zu bekommen.Für ein Scheidungsverfahren nach deutschem Recht besteht Anwaltspflicht und die Ehe kann nur durch ein gerichtliches Urteil geschieden werden.

Ausführliche Informationen zu diesem Thema finden sich im iaf-Ratgeber »*Binationaler Alltag in Deutschland*« und in der iaf-Broschüre »*Trennung und Scheidung bei binationalen Paaren und Kindern*«.

## Situation der Kinder

In getrennt lebenden afrikanisch-deutschen Familien ist es häufig schwierig, den Kindern die afrikanische Seite als lebendige Erfahrung zu erhalten. Im Idealfall ist der Kontakt zum afrikanischen Elternteil weiterhin gegeben. Viele afrodeutsche Kinder leben allerdings allein bei der deutschen Mutter und haben keinen oder nur noch wenig Kontakt zum Vater oder anderen AfrikanerInnen. So findet die oft erlebte soziale Ausgrenzung aufgrund des »Andersseins« keinen Ausgleich mehr in der Erfahrung familiärer Normalität. Für diese Kinder ist es besonders wichtig, Kontakte zu anderen afrodeutschen Kindern und Familien zu haben.

# 2. Teil:
# Annäherung an Westafrika

*»Doch so lebt Afrika,*
*mit diesem verrückten Bedürfnis*
*jeden Augenblick des Daseins*
*lebenswert zu machen,*
*zu einem immer wieder neuen Fest.«*

*Francis Bebey*

Foto: Ulrike Kéré

# Doch das Gefühl von Fremdheit bleibt

*Ein Baumstamm kann noch so lange im Wasser liegen,*
*er wird niemals zum Krokodil werden.*
*Sprichwort aus Burkina Faso*

Flughafen Ouagadougou: Beim Verlassen des Flugzeuges schlägt mir eine Mauer aus schwül-heißer Luft entgegen. Ich zögere einen Augenblick, steige dann aber doch die Gangway hinunter und tauche ein in dieses Meer aus flimmernder Hitze. Jedesmal, wenn meine Füße den afrikanischen Boden wieder berühren, überkommt mich ein sehr feierliches Gefühl. Es ist wie ein Heimkommen in eine völlig fremde und doch so vertraute und geliebte Welt.

Als ich vor zehn Jahren zum ersten Mal in Burkina Faso, dem Heimatland meines Mannes, landete, schossen mir noch Gedanken von Wildnis und Abenteuer durch den Kopf, von Wüsten, die unaufhaltsam vordringen, von Hunger und Armut, eben all jene verworrenen Klischeevorstellungen, die in deutschen Medien und weißen Köpfen zirkulieren. Inzwischen, nach vielen privaten und beruflichen Aufenthalten, habe ich mein eigenes Bild entworfen, ein recht ambivalentes Bild, geknüpft aus immer neuen Einblicken, Erfahrungen und Erlebnissen. Das Leben in einer afrikanischen Familie und meine berufliche Tätigkeit in diversen Projekten und an der Universität Ouagadougou haben mir sehr viele verschiedene Seiten des Alltags in Burkina Faso eröffnet. Ich kenne die harte Realität der Menschen, ihre Probleme und Sorgen. Das anfängliche Staunen, die Begeisterung und Faszination, aber auch meine grenzenlose Naivität sind einer realistischeren Einschätzung gewichen, vieles ist zur Normalität geworden. Doch das Gefühl von Fremdheit bleibt, ist vielleicht sogar noch stärker geworden, weil ich die wahren Grenzen spüre, die unüberwindlich scheinen. Was von außen interessant und faszinierend wirkt, kann von innen gesehen sehr beklemmend und bedrohlich sein, wenn die rettende Distanz irgendwann verloren geht. Wie oft habe ich gedacht: »Was hat das alles mit mir zu tun... nichts wie weg hier... wo ist bloß der Notausgang?« Und trotzdem fahre ich immer wieder gerne nach Burkina Faso, freue mich Verwandte und Freunde wiederzusehen, genieße den so viel gemächlicheren Lebens- und Arbeitsrhythmus, die Lebensfreude, das Lachen, die überwältigende Gastfreundschaft, laue, zärtliche Tropenabende und durchtanzte Nächte unter sternübersätem Himmel...

Ich habe mich damit abgefunden, in gewisser Weise immer fremd zu bleiben, immer wieder an Grenzen zu stoßen und niemals wirklich zu begreifen, was unter der heiter-verbindlichen Oberfläche vor sich geht. So schmerzhaft das Gefühl des Nicht-wirklich-Dazugehörens sein kann, so wichtig ist auch die Erkenntnis, dass Anpassung nicht alles ist. Im Gegenteil, ich habe gelernt, mich immer wieder abzugrenzen, unüberwindliche Grenzen und Unterschiede zu akzeptieren und vor allem, mir selber treu zu bleiben. Die Fremdheit kann dabei zur Quelle der Selbstfindung werden, da man sich im Spiegel des Fremden ganz neu erlebt und entdeckt und ein stärkeres Gespür für die eigenen Wurzeln und Werte entwickelt.

Unsere Tochter Amelie erlebt das Pendeln zwischen zwei Kulturen sicher ganz anders, viel selbstverständlicher. Seit sie mit eineinhalb Jahren zum ersten Mal nach Burkina Faso kam, ist sie dort ganz und gar in ihrem Element und wechselt scheinbar mühelos zwischen den beiden Welten. Die Besuche in Burkina bedeuten für sie vor allem ungeahnte Freiheit und das Eintauchen in eine von den Erwachsenen weitgehend abgekoppelte Kindergemeinschaft, in der sich Kinder aller Altersstufen tummeln und umeinander kümmern. Von sich selbst sagt sie, sie sei ›afrikanisch‹ wie ihr Papa und die Mama sei Deutsche. Ob das so bleibt, wird sich zeigen. Zumindest hat sie eine gute Basis, um sich in beiden Kulturen bewegen zu können.

*Eintauchen in die afrikanische Kinderwelt (Foto: Ulrike Kéré)*

# Westafrika und Europa –
# ein kultureller Vergleich

Verlässt man Europa in Richtung Westafrika, so tritt man heraus aus seinem eigenen engen kulturellen Kreis und begegnet etwas ganz Anderem. Mit seiner eigenen europäischen Kultur im »Gepäck« begegnet man einer fremden Welt, die sehr verschieden ist von dem, was man kennt und gewohnt ist. Und natürlich schaut man mit dem Blick aus dem Fenster seiner eigenen Kultur auf das, was einem außerhalb begegnet. Unsere eurozentristische Sichtweise verleitet uns dazu, unsere Normen auf andere zu übertragen, alles was wir vorfinden mit den eigenen Maßstäben zu messen und zu bewerten. Unsere eigenen Werte halten wir dabei für die einzig gültigen und fühlen uns dadurch überlegen. Es gibt aber in Bezug auf Kulturen kein besser oder schlechter, richtig oder falsch. Kulturen stehen einander auf gleicher Ebene gegenüber und können nur aus sich selbst heraus verstanden werden. Der Anspruch ›immer alles verstehen zu wollen‹ ist bereits ein Versuch der Vereinnahmung. Wir müssen es aushalten, dass sich gewisse Bereiche unserem Verständnis entziehen. Es gibt verschiedene Welten und wir leben in dieser unauflösbaren Pluralität. Nur wenn man über kulturelle Unterschiede spricht, sie benennt und sie ohne gegenseitige Bewertung anerkennt, kann man voneinander lernen. Die Bereitschaft zu lernen ist wiederum eine Grundvoraussetzung für jegliche Annäherung und Verständigung.

## Kollektivismus und Individualismus

Vergleicht man westafrikanische Kulturen mit europäischen Kulturen, so zeigt sich eine deutliche Polarisierung hinsichtlich der Zuordnung zu sogenannten »Ich-Gesellschaften« (Individualismus) und »Wir-Gesellschaften« (Kollektivismus). Westafrikanische Gesellschaften sind kollektivistisch. Deutschland gehört dagegen zu den individualistischen Gesellschaften. Was bedeutet dies im Einzelnen?

Kulturelle Dimensionen zu beschreiben ist nicht einfach. Natürlich gibt es keine einheitliche westafrikanische Kultur, genauso wenig wie es eine einzige europäische Kultur gibt. Die Ausprägungen sind mindestens so verschieden wie die Anzahl der Länder, ethnischen Gruppen und sozialen

Schichten. Nichtsdestotrotz haben die Gesellschaften des westafrikanischen Kulturraums einige grundlegende Gemeinsamkeiten, die der deutschen Kultur vergleichend gegenübergestellt werden können.

Eine gelungene Darstellung solch kultureller Unterschiede findet sich bei G. Hofstede.[1] Im Folgenden werden seine Thesen zum Thema »Kollektivismus und Individualismus« dargestellt, da sie sehr aufschlussreiche Informationen und Denkanstöße zum Thema »Familienstrukturen« liefern. Dabei ist zu betonen, dass Aussagen über Kulturen immer vergleichende Aussagen sind. Es handelt sich lediglich um Durchschnittswerte, die keine Allgemeingültigkeit haben und nicht auf alle Menschen in einer Gesellschaft zutreffen.

## Kollektivistische Gesellschaften in Westafrika

In den meisten Gesellschaften werden die Interessen der Gruppe dem Interesse des Individuums übergeordnet (kollektivistische Gesellschaften). Die erste Gruppe in unserem Leben ist die Familie, in die wir hineingeboren werden. In den meisten kollektivistischen Gesellschaften besteht die ›Großfamilie‹, in der das Kind aufwächst, nicht nur aus Eltern und Geschwistern, sondern beispielsweise auch aus Großeltern, Onkeln, Tanten, Dienstboten oder anderen Mitbewohnern. Wenn Kinder heranwachsen, lernen sie, sich selbst als Teil einer ›Wir-Gruppe‹ zu begreifen, eine Beziehung, die nicht freiwillig eingegangen wurde, sondern von der Natur vorgeben ist. Die ›Wir-Gruppe‹ bildet die Hauptquelle der Identität des Menschen und dessen einzigen sicheren Schutz gegen die Gefahren des Lebens. Deshalb schuldet man seiner ›Wir-Gruppe‹ lebenslange Loyalität und ein Bruch dieser Loyalität gehört zu den schlimmsten Vergehen. Positiv besetzte Ziele sind Konsens, Harmonie und Übernahme von Verantwortung für andere Gruppenmitglieder.

*Kollektivismus beschreibt Gesellschaften, in denen der Mensch von Geburt an in geschlossene ›Wir-Gruppen‹ integriert ist, die ihn ein Leben lang schützen und dafür bedingungslose Loyalität verlangen.*

## Individualistische Gesellschaften (z.B. Deutschland)

Eine Minderheit der Menschen in unserer Welt lebt in Gesellschaften, in denen das Interesse des Individuums Vorrang vor den Interessen der

---

[1] Hofstede, G.: *Interkulturelle Zusammenarbeit: Kulturen – Organisationen – Management.* Gabler, Wiesbaden 1993.

Gruppe hat. Hier wachsen Kinder in Klein- oder Kernfamilien auf, die nur aus Eltern und Geschwistern bestehen; der Anteil von Familien mit nur einem Elternteil bzw. sogenannten *patchwork*-Familien wächst. Wenn Kinder in solchen Familien heranwachsen, lernen sie schnell, sich selbst als ›Ich‹ zu begreifen. Dieses ›Ich‹, ihre persönliche Identität, unterscheidet sich vom ›Ich‹ anderer Menschen, und diese anderen werden nicht nach ihrer Gruppenzugehörigkeit klassifiziert, sondern nach individuellen Merkmalen. Ziel der Erziehung ist es, das Kind in die Lage zu versetzen, auf eigenen Beinen zu stehen. Man erwartet von einem erwachsenen, selbständigen Menschen, dass er weder in praktischer noch in psychologischer Hinsicht auf eine Gruppe angewiesen ist. Positiv besetzte Ziele sind Selbstverwirklichung, Eigenverantwortlichkeit und Unabhängigkeit.

*Individualismus beschreibt Gesellschaften, in denen die Bindungen zwischen Individuen locker sind: Man erwartet von jedem, dass er nur für sich selbst und seine unmittelbare Familie sorgt.*

## Individualismus und Kollektivismus in der Familie

Das Kind, das in einer Großfamilie aufwächst, lernt ganz natürlich, sich selbst als Teil eines ›Wir‹ zu begreifen; beim Kind einer Kernfamilie ist dies weniger stark ausgeprägt. Das Kind einer Großfamilie ist sehr selten alleine, weder tagsüber noch nachts. Eine afrikanische Studentin, die zum Studium nach Belgien kam, erzählte, dass dies das erste Mal in ihrem Leben sei, dass sie sich längere Zeit alleine in einem Raum aufhielt.

In einer Situation intensiven und ständigen sozialen Kontakts wird das Bewahren von Harmonie in der eigenen sozialen Umgebung zu einer höchst bedeutenden Fähigkeit, die sich auch auf andere Bereiche außerhalb der Familie ausdehnt. In den meisten kollektivistischen Kulturen gilt direkte Konfrontation mit einer anderen Person als unhöflich und unerwünscht. Das Wort »Nein« wird selten ausgesprochen, denn »Nein« zu sagen bedeutet bereits eine Konfrontation. »Vielleicht haben Sie recht« oder »Wir werden es uns überlegen« sind Beispiele für eine höfliche Art, eine Bitte abzulehnen. Entsprechend ist das Wort »Ja« nicht unbedingt als Zustimmung zu verstehen, sondern als Aufrechterhalten der Kommunikation im Sinne von »Ja, ich habe verstanden«.

Demgegenüber gilt es in individualistischen Kulturen als eine Tugend, seine Meinung auszudrücken. Offen zu sagen, was man denkt, ist das Kennzeichen eines aufrichtigen und ehrlichen Menschen. Konfrontation kann nützlich sein; Meinungsaustausch soll zu mehr Wahrheit führen. Die

Wirkung der Kommunikation auf andere Menschen sollte man berücksichtigen, doch rechtfertigt sie in der Regel keine Verdrehung von Tatsachen. In der Familie bringt man Kindern bei, immer die Wahrheit zu sagen, auch wenn diese schmerzt. ›Streiten‹ ist ein normaler Bestandteil familiären Zusammenlebens.

In der kollektivistischen Familie lernen Kinder, sich an anderen zu orientieren, wenn es um Meinungen geht. ›Persönliche Meinungen‹ gibt es nicht: Sie werden von der Gruppe bestimmt. Wenn ein neues Thema auftaucht, muss eine Art Familienrat einberufen werden, bevor eine Meinung formuliert werden kann. Von einem Kind, das wiederholt Meinungen äußert, die von der allgemeinen Ansicht abweichen, sagt man, es habe einen schlechten Charakter. Demgegenüber erwartet man in der individualistischen Familie von den Kindern, dass sie sich eine eigene Meinung bilden, und man ermutigt sie dazu. Wenn ein Kind immer nur die Meinung anderer wiedergibt, sagt man, es habe einen schwachen Charakter. Welches Verhalten als erwünscht und positiv gilt, hängt also sehr von der kulturellen Umgebung ab.

Die Loyalität zur Gruppe, die ein wesentliches Merkmal der kollektivistischen Familie ist, bedeutet auch, dass Mittel geteilt werden. Wenn ein Mitglied einer zwanzigköpfigen Großfamilie eine bezahlte Arbeit hat, die anderen aber nicht, so wird vom verdienenden Mitglied erwartet, dass es sein Einkommen mit den anderen teilt, um zur Ernährung der gesamten Familie beizutragen. Auf der Basis dieses Prinzips kann eine Familie gemeinsam die Kosten für die Weiterbildung eines einzigen Familienmitgliedes tragen, in der Hoffnung, dass dieses später eine gut bezahlte Arbeit bekommt und das Einkommen dann ebenfalls geteilt wird.

In individualistischen Kulturen werden Eltern darauf stolz sein, wenn Kinder bereits in einem frühen Alter kleine Arbeiten ausführen, um ihr eigenes Taschengeld zu verdienen, über dessen Verwendung sie allein entscheiden können. Studenten erhalten staatliche Unterstützung oder finanzieren ihr Studium durch Jobs und Kredite. Sie sind somit weniger stark von ihren Eltern abhängig und überhaupt nicht von entfernteren Verwandten.

Wenn Menschen in einer individualistischen Kultur einander begegnen, haben sie das Bedürfnis, verbal zu kommunizieren. Schweigen gilt als unhöflich. Eine Unterhaltung kann noch so banal sein, aber sie ist obligatorisch. Alle Informationen müssen explizit ausgesprochen werden (*low-context*-Kommunikation).

In einer kollektivistischen Kultur ist die Tatsache des Zusammenseins oft emotional ausreichend; es ist nicht üblich, sich über persönliche Befindlichkeiten und Erlebnisse auszutauschen, sofern keine wichtigen Informationen übermittelt werden sollen. Ein Großteil der Informationen ist auch ohne gesprochene Worte aus dem Gesprächskontext, der Umgebung, der Situation und dem Verhalten der Personen ersichtlich (*high-context-Kommunikation*).

Ein weiterer bedeutender Begriff im Zusammenhang mit der kollektivistischen Familie ist neben der Harmonie die ›Scham‹. Individualistische Gesellschaften hat man als ›Schuldkulturen‹ bezeichnet: Menschen, die gegen die Regeln der Gesellschaft verstoßen, haben häufig Schuldgefühle und werden von einem individuell entwickelten Gewissen geplagt, das als persönlicher innerer Lotse arbeitet. Demgegenüber handelt es sich bei kollektivistischen Gesellschaften um ›Schamkulturen‹: Menschen, die einer Gruppe angehören, von denen ein Mitglied gegen die Regeln der Gesellschaft verstoßen hat, sind beschämt, was auf einen Sinn für kollektive Pflicht zurückzuführen ist. Scham ist ihrem Wesen nach gesellschaftlich, Schuld ist individuell; ob man Scham empfindet, hängt davon ab, ob der Regelverstoß anderen bekannt geworden ist. Dieses Bekanntwerden ist – mehr als der Regelverstoß selbst – eine Quelle der Scham. Dies ist bei der Schuld nicht der Fall; man verspürt sie unabhängig davon, ob andere von dem Fehltritt wissen oder nicht.

Eine letzte, in der kollektivistischen Familie geförderte Vorstellung ist das ›Gesicht‹. ›Das Gesicht verlieren‹ – im Sinne von gedemütigt werden – bedeutet hier, durch eigenes Handeln oder durch das Handeln von nahestehenden Menschen wesentlichen Anforderungen nicht gerecht zu werden, die einem aufgrund der sozialen Stellung auferlegt sind. Im Grunde beschreibt ›Gesicht‹ die angemessene Beziehung zur sozialen Umgebung, die für eine Person (und deren Familie) ebenso wesentlich ist wie die Vorderseite des Kopfes.

Das entgegengesetzte Merkmal in individualistischen Gesellschaften ist die ›Selbstachtung‹, die aber vom Gesichtspunkt des Individuums aus und nicht von der sozialen Umgebung definiert ist.

Das Wissen um diese grundlegenden Unterschiede zwischen deutschen und westafrikanischen Familienstrukturen kann eine wichtige Orientierungshilfe für die Verständigung in der Partnerschaft sein.

72

*Hauptunterschiede zwischen kollektivistischen und individualistischen Gesellschaften im Bezug auf allgemeine Norm und Familie*

| Kollektivistische Gesellschaft (z.B. Westafrika) | Individualistische Gesellschaft (z.B. Deutschland) |
|---|---|
| Die Menschen werden in Großfamilien oder andere ›Wir-Gruppen‹ hineingeboren, die sie weiterhin schützen und im Gegenzug Loyalität erhalten. | Jeder Mensch wächst heran, um ausschließlich für sich selbst und seine direkte (Kern-)Familie zu sorgen. |
| Die meisten Großfamilien haben patriarchale Strukturen, wobei das Familienoberhaupt eine starke moralische Autorität ausübt (hohe Machtdistanz). | Menschen hängen weniger stark von mächtigen anderen Personen ab (geringe Machtdistanz). |
| Die Identität ist im sozialen Netzwerk begründet, dem man angehört. | Die Identität ist im Individuum begründet. |
| Kinder lernen in ›Wir‹-Begriffen zu denken. | Kinder lernen in ›Ich‹-Begriffen zu denken. |
| Man sollte immer Harmonie bewahren und direkte Auseinandersetzungen vermeiden. | Seine Meinung zu äußern ist Kennzeichen eines aufrichtigen Menschen |
| Übertretungen führen zu Beschämung und Gesichtsverlust für einen selbst und die Gruppe. | Übertretungen führen zu Schuldgefühl und Verlust an Selbstachtung. |
| Geringes Bedürfnis nach verbaler Kommunikation. Die Tatsache des Zusammenseins ist emotional oft ausreichend, es gibt keinen Zwang zu sprechen; ein Großteil der Informationen wird aus der Situation und dem Verhalten der Personen ersichtlich (*high-context*-Kommunikation). | Hohes Bedürfnis nach verbaler Kommunikation; alle Informationen müssen explizit ausgedrückt werden. Schweigen gilt als unhöflich (*low-context*-Kommunikation) |
| Ziel der Erziehung ist: Wie macht man etwas? | Ziel der Erziehung ist: Wie lernt man etwas? |
| Kollektive Interessen dominieren vor individuellen Interessen. | Individuelle Interessen dominieren vor kollektiven Interessen. |
| Das Privatleben wird von (der) Gruppe(n) beherrscht. | Jeder hat ein Recht auf Privatsphäre. |
| Meinungen werden durch Gruppenzugehörigkeit vorbestimmt. | Man erwartet von jedem eine eigene Meinung. |
| Harmonie und Konsens stellen höchste Ziele dar. | Selbstverwirklichung des Individuums stellt eines der höchsten Ziele dar. |

*(nach Hofstede, G.: Interkulturelle Zusammenarbeit. Gabler, Wiesbaden 1993)*

# Frauen- und Männerwelten

*Ich habe unter all den afrikanischen Frauen, ob modern oder traditionell, nie eine kennengelernt, die ihr Leben auf eine so extreme Weise von einem Mann abhängig macht – sei es finanziell oder psychisch –, wie das manche europäische Frauen tun. Sicher, sie flirten und lieben, aber sie verlieren sich, ihr Leben und das Leben ihrer Kinder nie aus den Augen... Es sind starke und unabhängige Frauen.* Doris Weller, Nigeria

*Junge Frauen unterwegs (Foto: Ulrike Kéré)*

Das Miteinander von Frauen und Männern vollzieht sich in Westafrika nach anderen Regeln als in Europa. Frauen bewegen sich in ihrer Frauenwelt, Männer in ihrer Männerwelt – und irgendwo dazwischen begegnet man sich, lebt zusammen in der Familie und zieht die gemeinsamen Kinder groß. Durch die größere Distanz zwischen den Partnern bleibt die Mann-Frau-Polarität stärker erhalten. Die eigene Identität wird weniger durch den Partner als durch die Zugehörigkeit zur Gruppe der Frauen bzw.

der Männer definiert. Dadurch sind auch die Erwartungen der Partner aneinander anders. Ziel ist nicht das allumfassende Einssein und die Selbstverwirklichung in der Partnerschaft, sondern der Aspekt der ›Versorgungs- und Schicksalsgemeinschaft‹ tritt in den Vordergrund. Man respektiert sich, gibt sich die nötige Wärme und Unterstützung, um dann – jede/r für sich – sein Leben in die Hand nehmen zu können.

Der Mann ist nach außen orientiert, muss sich außerhalb der Familie bewähren und alles, was draußen stattfindet, ist allein seine Sache. Die Frau ist für das ›Innenleben‹ der Familie zuständig, kann aber – wenn sie berufstätig ist – viele häusliche Aufgaben an andere weibliche Familienmitglieder abgeben. Die meisten Frauen suchen sich eine eigene kleine Einnahmequelle, z.B. durch Kleinhandel.

Die folgenden Beiträge beleuchten exemplarisch einige Aspekte von ›Frauenleben in Westafrika‹ und geben damit auch Auskunft über die Beziehung zwischen den Geschlechtern.

Veronika Kabis-Alamba
## *Berühre nie den Schwanz einer Schlange – Nigerianerinnen zwischen Afrika und Europa*[2]

Zwei Stunden Autofahrt zwischen Aba und Enugu, den großen Städten der Igbos im Osten Nigerias, genügen, und ich bin um vielfältige und unerwartete Eindrücke reicher. Das Straßenbild ist geprägt von Frauen: Motorroller fahrende Frauen, einen Korb voll Gemüse oder *Garri* und ein Huhn am Lenkrad festgebunden und mitunter ein Baby auf dem Rücken; an der Bushaltestelle zwei Dutzend junger Mädchen in Schuluniform, jedes von ihnen eine wuchtige Schreibmaschine auf dem Kopf nach Hause balancierend; Marktfrauen an kleinen, improvisierten Verkaufsständen oder schon im Besitz eines beachtlichen Ladens mit umfangreichem Sortiment; Geschäftsfrauen schließlich, die sich von ihren Chauffeuren zu den nächsten Geschäftsterminen fahren lassen.

Ob einfache, ärmlich gekleidete Landfrau oder elegante *business woman* – an Selbstbewusstsein und Geschäftssinn scheint es den Nigerianerinnen nicht zu fehlen. »Ein bloßes Pauschalurteil oder weitgehend zutref-

---

[2] Aus: *Any moment from now – Länderinformationen für deutsch-nigerianische Paare*. iaf-Publikation, 1998.

fend?«, frage ich Marian, eine nigerianische Bekannte in Saarbrücken. Ich erhalte eine überraschende Antwort: Je ländlicher und einfacher, desto selbstbewusster seien die Frauen! Zur Erklärung schildert sie, dass die ostnigerianische Gesellschaft vor der Einflussnahme durch die christliche Religion wesentlich weniger reglementiert gewesen sei; der Wandel habe sich vor allem zu Lasten der Frauen ausgewirkt. So sei die Scheidung ursprünglich kein Tabu gewesen; erst mit der Kirche sei es für Frauen schwierig geworden, aus einer unglücklichen Ehe herauszukommen. Alleinstehend mit Kindern, womöglich von verschiedenen Männern? Früher kein Problem, heute mit den Moralvorstellungen der Kirche unvereinbar. Wenn moderne Nigerianerinnen dennoch von diesen Prinzipien abwichen und gesellschaftliche Missbilligung in Kauf nähmen, so beweise dies einmal mehr ihren ausgeprägten Willen zur Selbstbestimmung.

So vielfältig und multikulturell die nigerianische Gesellschaft ist, so unterschiedlich sind die Frauenbilder und Frauenrollen, die sie hervorbringt...

Die Rolle der Frauen in Nigeria auf einen Nenner bringen zu wollen, wäre anmaßend. Zu widersprüchlich sind die Anforderungen zwischen Tradition und Moderne, die an sie herangetragen werden. Die einen Beobachterinnen schwören auf die Überbleibsel eines afrikanischen Matriarchats, die anderen wehren sich »gegen die Mär von der Gleichberechtigung der afrikanischen Frau« (Buchi Emecheta). Wie dem auch sei, beeindruckt war ich immer wieder von den Nigerianerinnen, die ich kennengelernt habe. Da gibt es Chioma, die seit Jahren ihren arbeitslosen Mann, sich und ihre acht Kinder über Wasser hält, indem sie, die gelernte Schneiderin, Kleider anfertigt und verkauft, zwanzig Schülerinnen ausbildet und ganz nebenbei den Alltag regelt. Da gibt es auch Oluchi, die wie ihr Mann Medizin studiert hat, im Studium immer einen Schritt voraus war, dann aber vier Kinder bekam und – zur Freude ihres Mannes – am Ende beruflich nicht mehr Schritt halten konnte. Später allerdings hat sie den Mann links liegen gelassen und ist allein ihren Weg gegangen. Auch Marian, meine Gesprächspartnerin, meistert mit viel Energie und Optimismus ihr Leben und das ihres vierjährigen Sohnes.

Wie schwierig auch die Situation einer einzelnen Frau in Nigeria sein mag, die Nigerianerinnen haben gelernt, in der Gruppe stark zu sein. Die »Women Associations« haben ihren festen Platz in weiten Teilen der nigerianischen Gesellschaft. Frauen aus demselben Dorf oder auch Frauen derselben Altersgruppe bilden einen Frauenverband, der über nicht unwesentlichen Einfluss verfügt. Sie treffen sich regelmäßig, um über Entwicklungen in der Gemeinschaft zu sprechen, Gemeinschaftsaufgaben zu planen und durchzuführen, aber auch um Streitigkeiten zu schlichten. Eine Frau, die sich von ihrem Mann ungerecht behandelt fühlt, kann dies zum Thema einer Versammlung machen. Der Frauenverband wird dem Mann Gelegenheit zur Wiedergutmachung einräumen oder sich gegebenenfalls Sanktionsmöglichkeiten überlegen. Es scheint ratsam zu sein, sich dem Urteil der Frauen zu beugen. Nicht umsonst lautet ein Sprichwort der Igbos in Bezug auf die Frauen: »Berühre nie den Schwanz einer Schlange, auch wenn sie tot scheint, denn sie wird dich beißen!«

Wann wir denn endlich zum Thema Polygamie kämen, meint Marian auf einmal mit einem Anflug von Sarkasmus; das sei doch das Lieblingsthema der Europäer, wenn sie über afrikanische Frauen sprächen... Ich muss ihr beipflichten: Die Vorstellung von der Unterdrückung der Afrikanerinnen – gerade bei europäischen Frauen – wird sicherlich zumeist mit dem Schreckgespenst der Polygamie verbunden. Nigerianische Schriftstellerinnen wie Buchi Emecheta haben das Leben und Leiden von Frauen in der Mehrehe auch eindrucksvoll geschildert. Deshalb bin ich zunächst etwas überrascht, als Marian mir ihre recht pragmatischen Anschauungen darlegt. Buchi Emecheta habe sicherlich recht mit dem, was sie schreibe. Ihre Frauengestalten seien jedoch in einem bestimmten Kontext zu sehen, sie lebten außerhalb ihres gewohnten familiären und sozialen Umfelds, seien mit dem schwierigen Leben und Überleben in der Millionenstadt Lagos konfrontiert, stammten aus einem bestimmten sozialen Milieu. Marians Meinung nach kann die Polygamie durchaus in Ordnung sein, wenn sie unter den richtigen Vorzeichen stehe. Nigerianerinnen hätten durchaus gute Gründe, eine selbstgewählte Mehrehe einzugehen. Im Dorf gehe es z.B. um die Frage, wie die tägliche Arbeit am besten bewältigt werden könne und ob eine Frau in einer funktionierenden Mehrehe nicht am besten abgesichert sei. In den gehobeneren Schichten machen Frauen auch andere Gründe geltend: Warum nicht die zweite oder dritte Frau eines in Lagos lebenden reichen Mannes sein, selbst in Onitsha oder Abuja wohnen und arbeiten und nur alle zwei, drei Monate mal in Lagos vorbeischauen? Das lässt genügend Raum für ein eigenes Privatleben und gibt gleichzeitig finanzielle Sicherheit. Natürlich sind im einen wie im anderen Fall die Frage der Fremdbestimmung, Eifersucht und Unterdrükkung nicht vom Tisch, dennoch sollte man das Stereotyp von den bedauernswerten Frauen eines Polygamisten einmal überprüfen und differenzierter betrachten.

Wie dem auch sei, meint Marian, die Tendenz gehe ohnehin – ganz wie in Europa – zur ›Nebenfrau ohne Trauschein‹. Insbesondere angehende Akademikerinnen gingen gerne Freundschaften mit wohlhabenderen, verheirateten Männern ein, die ihnen eine Zeit lang einen gewissen Luxus verschafften. Der Nachteil sei jedoch die fehlende dauerhafte Absicherung. Für beruflich gut qualifizierte Frauen stellt sich im übrigen noch ein anderes Problem, nämlich das des Brautpreises, den der Bräutigam an die Familie seiner künftigen Frau zahlen muss. Je besser eine Frau ausgebildet ist, desto höher wird auch der ihrer Familie zustehende Brautpreis. Gleichaltrige Bewerber, die erst am Anfang ihres Berufslebens stehen oder gar noch in Studium oder Ausbildung sind, haben kaum eine Chance, ihre Wunschfrau zu bekommen. Früher hätten wenigstens die Angehörigen des Mannes ihren Anteil dazugegeben, so Marian, aber der Zusammenhalt in den Familien sei auch nicht mehr das, was er mal war. Eine Frau, die einen ›armen Schlucker‹ heiraten möchte, muss unter Umständen selbst drauflegen, damit sie den Mann ihrer Wahl bekommt. Kein Wunder, dass viele Männer erst mit über vierzig Jahren eine Ehe eingehen und ihre Gattinnen wesentlich jünger sind als sie.

Was veranlasst Nigerianerinnen, nach Europa zu gehen? Marian weiß eine ganze Reihe von Erklärungen. Zunächst einmal seien die meisten ihrer Geschlechtsgenossinnen, vor allem die jüngeren, grundsätzlich offen, neugierig und reiselustig. Insbesondere für Studentinnen wie sie gehöre es einfach dazu, dass man die Studienjahre für einen Europa- oder Amerikaaufenthalt nutze. Stipendien seien deshalb heiß begehrt. Natürlich ist auch ein gewisses Prestige damit verbunden, später von sich sagen zu können, man sei ein *Been to*, also jemand, der im Ausland war. Praktisch ist es, wenn ein wohlhabender älterer Freund, der sogenannte *Sugar Daddy*, gelegentlich einen Einkaufstrip nach Europa spendiert. Dann gibt es wiederum Frauen, die bereits erfolgreich im Beruf stehen und sich um Weiterbildung in Europa bemühen. Für Geschäftsfrauen schließlich bieten Auslandsreisen Gelegenheit, Ware einzukaufen und Marktforschung zu betreiben. In der Tat sind die Frauen in Nigeria, insbesondere was Mode und Styling betrifft, immer up to date. Nicht alle Frauen sind jedoch freiwillig in Europa. Spätestens seit der Hinrichtung Ken Saro-Wiwas weiß man auch hierzulande, dass es in Nigeria politische Verfolgung gibt. Die steigende Zahl der Asylanträge aus Nigeria, auch von Frauen, darf deshalb nicht verwundern. Es wurden in letzter Zeit aber auch Fälle bekannt, in denen Frauen als Prostituierte nach Europa verschleppt wurden. Und der organisierte internationale Heiratshandel macht vor Nigeria ebenfalls nicht Halt.

Für Marian ist klar, dass sie in ihren Jahren in Deutschland viel gelernt, einige Illusionen verloren und sich selbst verändert hat. Der Wunsch nach der Teilhabe am europäischen Reichtum, die Vorstellung vom Paradies Deutschland ist einer realistischeren Einschätzung der Dinge gewichen. Die gesellschaftlichen Realitäten, die Kehrseiten des Konsums, die Erfahrung von Rassismus haben ihren Blick auf Deutschland, aber auch auf Nigeria relativiert. Sie weiß beide Länder mit ihren angenehmen und unangenehmen Seiten besser einzuschätzen, hat auch während ihres Aufenthalts in Saarbrücken viel dafür getan, die Welten zu verbinden, Deutsche und NigerianerInnen durch gemeinsame Aktivitäten zusammenzubringen. Nur eines bedauert Marian, und zu Recht: dass das deutsche Ausländerrecht ihr und ihrem kleinen Sohn nach Beendigung des Studiums und Heimkehr nach Nigeria kaum Chancen einräumt, jemals für längere Zeit nach Deutschland zurückkehren zu können. Wenn man von außerhalb der Festung Europa kommt, ist die Freiheit, zur Weltenbummlerin und Kulturvermittlerin zu werden, eben sehr eingeschränkt.

Annette Coly
## Frauen im Senegal

Wenn man über Frauen im Senegal spricht, sollte man sich darüber im Klaren sein, dass es *die* senegalesische Frau nicht gibt. In einem Land mit zahlreichen Ethnien, verschiedenen Religionen und starken Kontrasten zwischen Land- und Stadtleben erscheint dies auch wenig realistisch. Doch wie in allen Ländern der Welt sind es auch hier die Frauen, welche die Hauptlast des täglichen Lebens tragen. Traditionell besteht die Rolle der Frau darin, sich um das Heim und die Familie zu kümmern. Dazu gehören die Pflichten des Haushalts, die – vor allem auf dem Land, wo weite Strecken bis zum nächsten Brunnen oder zum Feuerholzsammeln zurückgelegt werden müssen – sehr mühsam zu erledigen sind. Dazu gehört aber auch die Erziehung der Kinder und die Arbeit auf den Feldern. Übergeordnet steht die Pflicht, dem Ehemann und vor allem der Schwiegermutter – die junge Ehefrau zieht im Allgemeinen in das Haus der Schwiegereltern – das Leben so angenehm wie möglich zu gestalten und beide weitestgehend zu entlasten. Aus diesen Verpflichtungen heraus lässt sich auch nachvollziehen, warum vor allem auf dem Land die Frauen der Polygamie nicht negativ gegenüberstehen, denn eine Nebenfrau bedeutet Entlastung der ersten Frau. Die Akzeptanz der Frauen, sich den Spielregeln der Polygamie zu unterwerfen, wird auch verständlicher, wenn man bedenkt, dass die arrangierten Ehen auf dem Land nach wie vor in der Überzahl sind und daher die gefühlsmäßigen Aspekte, die in Europa eine so besondere Rolle spielen, weniger wichtig sind. »Wenn es um Heirat geht, spielt Liebe keine Rolle«, hat mir eine befreundete Senegalesin einmal gesagt. Nach wie vor spielt für viele Frauen der Versorgungsaspekt im Hinblick auf die Eheschließung eine übergeordnete Rolle. (Auch in Europa ist es noch nicht so lange her, dass man Wert darauf legte, eine ›gute Partie‹ zu heiraten.) Der Rückgang der Polygamie in den Städten scheint im Übrigen oft weniger auf eine tatsächliche Bewusstseinsveränderung zurückzuführen zu sein als vielmehr auf die sich verschlechternden wirtschaftlichen Voraussetzungen, die es den Männern nicht ermöglichen, mehr als eine Frau zu heiraten.

Frauen im Senegal haben in der Regel eine schlechtere Schulbildung als Männer. Besonders auf dem Land gehen viele Mädchen gar nicht oder nur kurze Zeit zur Schule. Sie müssen stattdessen auf dem Feld oder im Haushalt arbeiten oder werden verheiratet. Die Quote der Schulabbrecher ist bei den Mädchen sehr viel höher als bei den Jungen. Gerechtigkeitshalber muss aber gesagt werden, dass im Allgemeinen nur der erstgeborene Sohn in den Genuss einer mehr oder weniger vollständigen Schulbildung kommt. Die Analphabetenquote liegt bei der weiblichen Bevölkerung bei etwa 75%, bei den Männern um 55%, mit starkem Stadt-Landgefälle.

Auch die Gesundheitsversorgung stellt für Frauen, insbesondere im ländlichen Raum, ein großes Problem dar. Viele Frauen leiden unter Mangelernährung und sind durch die vielen, kurz aufeinander folgenden Geburten geschwächt. Hinzu kommt das Problem der weiblichen Genitalverstümmelung, von der im Senegal etwa 20% der Frauen betroffen sind. In den Städten sind die gesundheitlichen Probleme anders gelagert, dort spielen AIDS und Geschlechtskrankheiten, aber auch unerwünschte Geburten und Abtreibungsversuche eine zunehmende Rolle.

Die Genitalverstümmelung ist im Senegal per Gesetz verboten und wird als Körperverletzung strafrechtlich verfolgt. Allerdings erweisen sich die Umsetzung des Gesetzes und die Kontrolle als außerordentlich schwierig und hätten ohne begleitende Aufklärungsmaßnahmen wenig Chancen auf nachhaltigen Erfolg. Interessant ist übrigens, dass die ersten Bestrebungen zur Abschaffung dieser Menschenrechtsverletzung von den Frauen selber ausgegangen sind; in einigen Dörfern haben sich die Beschneiderinnen zusammengetan, um gemeinsam dagegen anzugehen. Dies auch in dem Bewusstsein eine lukrative Einnahmequelle zu verlieren!

Die Praxis der Genitalverstümmelung ist in den Städten dank großer Informationskampagnen in allen Medien (vor allem auch in Radio und TV), dem Engagement lokaler und internationaler Organisationen und strengen Gesetzen fast verschwunden. Auf dem Land hingegen ist sie, vor allem bei den Ethnien der Toucouleur und Peulh, eine weiterhin verbreitete Tradition.

Die Künstlerinnen des Landes engagieren sich, mit ermutigenden Ergebnissen, seit Jahren gegen diese grausame Praxis. Auch die islamischen Geistlichen sprechen sich in zunehmendem Maße dagegen aus und erklären, dass die Genitalverstümmelung keine durch den Koran vorgeschriebene Praxis ist. In diesem Zusammenhang soll noch einmal wiederholt werden, dass es insbesondere Frauengruppen und den ehemaligen Beschneiderinnen zu verdanken ist, dass auf diesem Gebiet Erfolge erzielt werden können.

Die Beteiligung von Frauen in wichtigen Bereichen des täglichen Lebens, z.B. im Bereich der politischen Entscheidungen, ist gering. Grund dafür ist die schlechtere Bildung und die dadurch reduzierten Möglichkeiten sich Gehör zu verschaffen. Da dieses Problem inzwischen auch von staatlicher Seite erkannt wurde, nehmen der Aspekt der Alphabetisierung von Frauen und die Förderung der Ausbildung von Mädchen einen zunehmenden Stellenwert in der senegalesischen Bildungspolitik ein. Viele Bildungsprogramme werden per Radio in den Landessprachen ausgestrahlt, um auf diesem Weg möglichst viele Frauen zu erreichen.

Die senegalesische Regierung hat in der Vergangenheit eine Vielzahl von Vorhaben zur Förderung von Frauen in Zusammenarbeit mit ausländischen Gebern durchgeführt. Außerdem wurde der zweite Aktionsplan für die Frau für den Zeitraum von 1997 bis 2001 verabschiedet und befindet sich in Umsetzung. Dieser zielt insbesondere auf Verbesserungen in den Bereichen sozioökonomische Beteiligung, Schulbildung, Bildungsniveau und Gesundheitsversorgung sowie auf eine stärkere Beteiligung von Frauen am öffentlichen und politischen Leben.

Auch für die seit März 2000 amtierende Regierung hat die Förderung von Frauen eine besondere Bedeutung. Dies wurde in der Regierungserklärung des Präsidenten Abdoulaye Wade im Juni 2000 entsprechend betont. Dennoch wurden nur vier der insgesamt 27 Ministerposten mit Frauen besetzt. Trotzdem – in Bezug auf die rechtliche Situation von Frauen nimmt der Senegal eine Vorreiterrolle im regionalen Vergleich ein. Das wurde einmal mehr durch die am 07.01.2001 per Volksabstimmung beschlossene Änderung der Verfassung deutlich, die den Frauen wesentlich mehr Rechte einräumt. So wird ihnen erstmals gestattet, Land zu erwerben und zu besitzen. Außerdem wurde die Zwangsehe verboten!

Im Hinblick auf die Verbesserung der Situation von Frauen im Senegal stellt das Wetteifern von Tradition und Moderne sicherlich ein Hauptproblem dar. Die Abschaffung alter Traditionen ruft diejenigen auf den Plan, die darin den Ausverkauf des afrikanischen Erbes sehen. Das gesellschaftliche Gleichgewicht funktioniert nicht mehr. Deshalb kehren viele SenegalesInnen neuerdings wieder ganz bewusst zu den ursprünglichen traditionellen Lebensformen zurück. Dies auch deswegen, weil Fernsehen und Kino vor allem eine westliche Welt zeigen, die im Allgemeinen nicht den Vorbildern der SenegalesInnen entspricht. Diese Rückbesinnung gilt für Frauen wie auch für Männer, wobei allerdings Frauen eher in der Lage zu sein scheinen, eine Verbindung aus den alten Traditionen und den modernen Erkenntnissen und Lebensarten herzustellen. In diesem Potenzial liegt eine große Chance für die Zukunft.

## Die Frau, der Malam[3] und der Büffel

Eines Tages kam eine Frau zu einem Malam. Sie grüßte ihn und sprach: »Malam, ich möchte, dass du mir eine Medizin gibst, durch die ich über meinen Mann herrsche.« Er antwortete ihr: »Gut, ich will dir helfen, aber vorher musst du mir die Milch einer Büffelkuh bringen.« Die Frau fragte: »Wie kann ich Büffelmilch bekommen?« Er entgegnete ihr: »Du wirst dir schon etwas einfallen lassen.«

Die Frau nahm Kleie und mischte sie mit Bohnen. Damit ging sie in den Wald und suchte so lange, bis sie die Büffelweide gefunden hatte. Sie blieb stehen. Nach einer Weile sah sie eine wilde Büffelkuh kommen. Die Büffelkuh ging zum Angriff über. Da stellte sie ihr die Kleie hin und lief weg. Als die Büffelkuh die Kleie sah, fraß sie sie und kehrte dann in den Wald zurück. Die Frau nahm ihr Gefäß und ging nach Hause.

Am anderen Morgen nahm sie wie am vorigen Tag Kleie und Bohnen, ging in den Wald und stellte das Futter auf den Weg. Als die Büffelkuh von der Weide zurückkehrte und die Kleie bemerkte, begann sie nicht wieder die Frau anzugreifen, sondern fraß alles auf und kehrte dann in den Wald zurück. Die Frau ging nach Hause.

So tat sie, bis sich die Büffelkuh an sie gewöhnt hatte. Eines Tages

---

[3] Malam bezeichnet bei den Haussa einen weisen Mann, Islam-Gelehrten, Lehrer oder Priester.

brachte sie wieder Kleie, und während die Büffelkuh fraß, molk die Frau
sie. Noch ehe alle Kleie aufgefressen war, hatte die Frau schon die Milch.

Sie brachte die Büffelmilch zum Malam und sagte: »Malam, was du gefordert hast, habe ich gebracht.« Der Malam fragte: »Wie hast du das fer-
tiggebracht?« Sie antwortete: »Durch friedliches Verhalten und Geduld.«
Der Malam sagte: »Wenn du dich so, wie du es getan hast, um die Büffelmilch zu erhalten, deinem Mann gegenüber verhältst, wirst du ihn be-
herrschen.«

Die Frau ging nach Hause und bereitete ihrem Mann schmackhafte
Speisen. So gewann sie ihn immer mehr für sich. Daher heißt es in einem
Sprichwort: *Wenn man Geduld hat, kann man einen Ochsen selbst mit
einem Faden ziehen.*　　　　　　　　　　　　(Haussa Märchen aus Nigeria)


# Besuche in Westafrika

*Der Reisende kann von allem erzählen, was er gesehen hat,
doch er kann nicht alles erklären.  Tshi-Sprichwort, Ghana*

## Reisevorbereitungen

*Am Anfang war die Idee. Meine Schwiegereltern und die Geschwister
meines Mannes, er ist der älteste von neun Kindern, wollte ich kennenlernen, sehen, wie und wo mein Mann gelebt hat, bevor er nach Deutschland
kam. In Gesprächen mit unserer Kinderärztin und den Ärzten beim Tropeninstitut München wurde ich ausführlich über nötige Impfungen infor-
miert. Mit der Kinderärztin habe ich dann einen Impfplan (über einen
Zeitraum von 1¼ Jahren) erstellt. Bei Kindern ist darauf zu achten, dass
nicht alle Impfungen auf einmal erfolgen sollten. Ebenfalls zu beachten
ist, dass manche Impfungen erst nach einer bis drei Wochen wirksam sind.*

*Als Nächstes habe ich einen Finanzplan erstellt: Was kosten die Imp-
fungen, was die Flugtickets (Achtung: bei frühzeitiger Reservierung häufig
billiger), wie viele Geschenke will ich mitnehmen (in Zukunft bringe ich
nichts mehr aus Deutschland mit, sondern kaufe die Geschenke in Dakar)
und was kosten diese, wieviel Geld benötigen wir vor Ort? usw.*

*Meinen Mann und meinen Schwager habe ich gelöchert, wie leben die*

*Menschen dort, wie habe ich mich zu verhalten (ganz normal, nicht ver-*
*stellen, so wie ich bin), gibt es Kleidervorschriften (lange Hosen oder*
*Röcke sind angebracht, Oberteil egal)? In der Familie, im Bekannten- und*
*Freundeskreis, überall erzählte ich meine Reisepläne. Sowohl bei Afrika-*
*nern als auch bei Europäern bin ich auf unterschiedlichste Reaktionen*
*gestoßen. Von Zustimmung bis zu totaler Ablehnung, über Freude und*
*Ängste, war alles dabei. Durch diese Gespräche wurde mir klar, dass*
*zuerst ich mit unseren Töchtern fliege und mein Mann erst die letzten drei*
*Wochen in den Senegal kommt und dann gemeinsam mit uns nach Hause*
*zurückkehrt. Andersherum wäre es, auch im Rückblick, nicht gut gewesen.*
*So konnten und mussten die senegalesischen Verwandten, ich und die*
*Kinder uns intensiver miteinander beschäftigen, uns ganz ohne Vermittler*
*und Dolmetscher aufeinander einstellen und einlassen.*

Christine Kébé

## Reisezeit

In den meisten Teilen Westafrikas (Sahel- und Sudanzone) ist die günstig-
ste Reisezeit die relativ kühle Trockenzeit von November bis Februar.

Allerdings ist dann alles sehr trocken und staubig und die Landschaft hat einen sehr kargen, ausgedörrten Charakter.

Die Regenzeit von Juni bis Oktober ist aufgrund der hohen Luftfeuchtigkeit für viele Europäer schwer erträglich. Die Landschaft ist dann aber mit ihrer üppig grünen, tropischen Vegetation sehr viel reizvoller.

*Bei den heiligen Krokodilen von Sabou*
*Foto: Ulrike Kéré*

Und nach einem richtigen tropischen Gewitter ist es angenehm frisch.
Man sollte beide Jahreszeiten mal erlebt haben, schon allein um den kras-
sen Gegensatz zwischen Trocken- und Regenzeit kennenzulernen. Die
größte Hitze – oft über 40°C – herrscht in den Monaten März bis Mai.
Diese Zeit sollte man aus eigenem Interesse möglichst meiden!!!

In den Küstenregionen herrscht das ganze Jahr über feucht-heißes Tro-
penklima mit zwei jährlichen Regenzeiten in den Monaten März bis Juli

und von September bis November. Unerträglich schwül ist es vor allem im April und Mai sowie im Oktober.

## Visa und Bescheinigungen

Für alle Reisen nach Westafrika ist ein Reisepass erforderlich, der noch für mindestens sechs Monate über den Einreisetag hinaus gültig ist. In den meisten Ländern muss auch ein internationaler Impfausweis mit Nachweis einer Gelbfieberimpfung vorgelegt werden.

Bürger der Bundesrepublik Deutschland brauchen für alle im Buch behandelten Staaten – außer für den Senegal und Gambia – ein Visum. Schweizerische und österreichische Staatsbürger benötigen nur in Gambia kein Visum. Visa sollten rechtzeitig (mindestens 4-6 Wochen) vor Reiseantritt bei der zuständigen Botschaft (Adressen im Anhang) beantragt werden. Die Visagebühren liegen je nach Land und Aufenthaltsdauer zwischen DM 30,- und DM 90,-. Touristenvisa werden meist für drei Monate ausgestellt. Oft muss man auch angeben, ob geplant ist, nur einmal oder mehrfach einzureisen. Das ist wichtig, wenn man z.B. Abstecher in die Nachbarländer machen möchte (auch hier benötigte Visa besser vorher in Deutschland beantragen!).

Es ist zu empfehlen, alle wichtigen Dokumente (Reisepass mit Visum, Versicherungsbescheinigungen, Impfpass etc.) vor Reiseantritt zu kopieren, um bei einem eventuellen Verlust Nachweise zu haben.

## Gesundheitsvorsorge

Die *Gelbfieberimpfung* ist in fast allen westafrikanischen Ländern vorgeschrieben. Für Senegal und Gambia ist sie nicht mehr vorgeschrieben, aber dringend empfohlen. Der internationale Impfpass wird bei der Einreise oft kontrolliert, ist also ein wichtiges Reisedokument. Kann man die Impfung nicht nachweisen, so wird die Einreise verweigert oder man riskiert eine Impfung vor Ort. Die Impfung kann nur von bestimmten Ärzten vorgenommen werden (z.B. bei Stadtgesundheitsämtern und Tropeninstituten). Die *Cholera-Impfung* ist nur dann obligatorisch, wenn man aus einem Infektionsgebiet kommt.

Empfehlenswert ist auf jeden Fall eine *Malariaprophylaxe*, auch wenn beispielsweise in der Trockenzeit weniger Mücken unterwegs sind. Bei einem relativ kurzen Urlaubsaufenthalt sollte man die Gefahr einer Erkrankung weitestgehend mindern, lieber ein paar Tabletten schlucken und eventuell auftretende Nebenwirkungen in Kauf nehmen. Wenn man für längere Zeit in Westafrika lebt, ist das Risiko natürlich mit den gesundheitlichen Nebenwirkungen abzuwägen. Mit der Malariaprophylaxe beginnt man eine Woche vor Reisebeginn und beendet diese vier Wochen nach der Heimkehr.

Darüber hinaus ist es sinnvoll zu überprüfen, ob ein ausreichender Impfschutz gegen Polio, Tetanus und Diphtherie besteht und gegebenenfalls diese Impfungen auffrischen zu lassen.

Empfohlen werden weiterhin Impfungen gegen Hepatitis A und B und eventuell gegen Typhus. Am besten wendet man sich an einen Tropenmediziner, ein tropenmedizinisches Institut (Adressen im Anhang) oder an die Impfstellen der Stadtgesundheitsämter, um sich beraten zu lassen und um die verschreibungspflichtige Malariaprophylaxe sowie notwendige Impfungen durchzuführen. Vor der Reise empfiehlt sich außerdem ein Zahnarztbesuch.

Welche Maßnahmen zur Gesundheitsvorsorge letztendlich angebracht sind, hängt von der Jahreszeit, von der Gegend, in die man reisen will (z.B. Stadt oder Dorf), von den Art und Weise des Reisens (Unterbringung, Verpflegung etc.) sowie von der eigenen Einstellung ab. Viele Westafrika-Reisende – insbesondere wenn sie noch keine Erfahrung haben – fühlen sich nur sicher, wenn sie allen denkbaren Krankheiten durch Impfungen und Tabletten vorbeugen. Wer die betreffenden Orte und Verhältnisse schon kennt, wird wesentlich gezielter vorgehen und sich dadurch viele Maßnahmen ersparen. So sind z.B. die Typhus- und Cholera-Impfung nur angebracht, wenn man unter sehr mangelhaften hygienischen Bedingungen lebt, was bei Familienbesuchen aber kaum der Fall ist.

Unabhängig von der zu treffenden Vorsorge kann man selbst sehr viel dazu tun, sich gegen Krankheiten (vor allem Reisedurchfall) zu schützen. Am wichtigsten ist es, auf sauberes Trinkwasser zu achten. Selbst das Leitungswasser in den Großstädten ist nicht immer keimfrei und kann bei Europäern Durchfall verursachen (auch Eiswürfel!). Am besten besorgt man sich Mineralwasser, kocht das Wasser ab oder benutzt einen speziellen Wasserfilter bzw. ein Entkeimungsmittel wie *Micropur* (in Ausrüstungsläden erhältlich).

Wichtig ist auch die Regel: »*Cook it, peel it or forget it!*« (Kochen, schälen oder verzichten!) Das heißt vor allem, auf den Verzehr von Salat, ungeschältem Obst und Rohmilchprodukten zu verzichten. Es kommt dabei natürlich auch darauf an, wo man das Essen zu sich nimmt, ob in einer kleinen Garküche am Straßenrand, in einem gehobenen Restaurant oder in einer Familie. In den meisten Familien und Restaurants ist es z.B.

üblich, Salat in Kaliumpermanganat zu waschen, so dass er problemlos gegessen werden kann. Mit der Zeit tritt auch eine gewisse Gewöhnung an die lokalen Bakterien ein und der Darm reagiert nicht mehr so empfindlich.

Gegen Moskitos schützt man sich am besten, indem man sich möglichst wenig stechen lässt: Moskitos sind vor allem in der Dämmerung und nachts unterwegs. Wichtigste Maßnahme ist deswegen, immer unter einem Moskitonetz zu schlafen. Auf Reisen sind sogenannte *Moskitodomes*, kleine rundum geschlossene Zelte aus Moskitonetz, besonders praktisch, da man sie überall mitnehmen und leicht aufstellen kann. Sie sind in Ausrüstungsläden erhältlich, nicht gerade billig (ca. DM 180,-), aber die Investition lohnt sich! Abends sollte man weite und helle langärmelige Oberteile, lange Hosen und Socken tragen – auch wenn das bei der Hitze nicht immer angenehm ist. Nackte Knöchel scheinen bei Moskitos besonders beliebt zu sein! Ansonsten kann man sich auch mit tropentauglichen Moskitoschutzcremes einreiben. Bewährt hat sich z.B. *Anti-Brumm* (in Ausrüstungsläden in verschiedenen Stärken für Kinder und Erwachsene erhältlich). Sollte man wirklich einmal ernsthaft krank werden, so sind bei den Deutschen Botschaften Ärztelisten erhältlich.

## Literaturempfehlungen

Huss, G.: *Mit Kindern in die Tropen*. Kilianverlag
Sehr empfehlenswert für Eltern, die mit Kindern nach Westafrika reisen wollen.

Kretschmer u. Kaiser: *Gesund reisen in fernen Ländern*. Trias
Gesundheitstips für erwachsene Fernreisende.

Werner, David: *Wo es keinen Arzt gibt – Medizinisches Gesundheitshandbuch zu Hilfe und Selbsthilfe auf Reisen*. Reise-Know-How Verlag Peter Rump
Deutschsprachige Ausgabe des inzwischen in 60 Sprachen übersetzten Standardwerkes *Where there is no doctor*.

Wirth, Armin: *Erste Hilfe effektiv*. Reise-Know-How Verlag Peter Rump

## Kleidung

Geeignet sind leichte Baumwollsachen, auch langärmelige Sachen für abends. In der kühlen Trockenzeit (November bis Februar) ist es abends oft so frisch, dass man Pullover oder Jacken gut gebrauchen kann. Dies trifft auch für die Regenzeit, kurz nach einem Gewitter, zu.

Ob Frauen unbedingt Shorts oder Miniröcke tragen sollten, hängt von der eigenen Einstellung und von der Region ab, in die man reisen möchte. In überwiegend moslemischen Gegenden (z.B. Norden des Senegals, Norden von Burkina Faso, Mali, Niger) sollte man lieber ganz darauf verzichten. Auch besteht ein großer Unterschied zwischen Städten und ländlichen Gebieten. Wenn man abends in der Großstadt ausgeht, kann man so ziemlich alles tragen und es ist eher schwer mit den sehr modebewussten Afrikanerinnen mitzuhalten. Das heißt aber noch lange nicht, dass man in derselben Kleidung auch tagsüber über den Markt einer Kleinstadt schlendern sollte. Sich in einem Dorf, bei Stadtrundgängen oder gar bei der Besichtigung einer Moschee in Strandkleidung oder mit kurzen Röcken zu zeigen, wird als äußerst unschicklich angesehen. Im Endeffekt muss man selber entscheiden, in welcher Kleidung man sich wohl fühlt, ob man es auf sich nimmt aufzufallen oder ob man sich lieber anpasst.

Im übrigen ist es gar nicht nötig viel Kleidung mitzunehmen. Man kann sich Kleidung sehr preisgünstig schneidern lassen. Wunderschöne Stoffe gibt es überall auf den Märkten zu kaufen und einen Schneider findet man meist gleich nebenan. Möchte man sich eher europäische Kleidung nähen lassen, ist es ratsam ein Modell dabei zu haben (z.B. ein Lieblingskleid), das man sich nachschneidern lässt. Ansonsten kann man sich die verschiedensten Arten von afrikanischer Kleidung nähen lassen. Für modebewusste Frauen gibt es Zeitschriften mit dem neuesten afrikanischen Schick und tollen Ideen. Die Preise variieren natürlich stark, je nachdem, ob man zu einem kleinen Schneider auf dem Markt geht oder in ein gehobenes städtisches Schneideratelier. Für einen richtig edlen *Boubou* mit kunstvoller Stickerei muss man zwischen DM 100,- und DM 200,- investieren.

## Geschenke

Ob, wie viele und welche Mitbringsel man mitnimmt, muss jede/r selber entscheiden und seine eigenen Erfahrungen damit machen. Ein Geschenk aus Deutschland ist natürlich etwas ganz Besonderes. Da die Familien aber oft sehr groß sind, ist es kaum möglich für alle etwas mitzubringen.

*Wenn man plant der Schwiegerfamilie einen Besuch abzustatten, sollte man sich davor hüten wie ein Dukatenesel beladen anzureisen. Dies mag kurzfristig von Erfolg gekrönt sein, weckt aber ungeahnte Erwartungen. Es scheint sinnvoller zu sein, zu Beginn des Besuches einen angemessenen*

*Geldbetrag an das Familienoberhaupt zu übergeben, damit dieser davon z.B. Reis oder Öl für die Familie kaufen kann. Daneben ist es sicherlich schön kleinere persönliche Geschenke mitzubringen. Zumindest für Dakar sei gesagt, dass man dort alles kaufen kann, in der Regel zu wesentlich günstigeren Preisen als in Deutschland.* Annette Coly

## Unterwegs

Natürlich ist es schön, wenn man die Gelegenheit hat, ein wenig herumzureisen, entweder im Rahmen von Besuchen bei Verwandten in anderen Städten oder einfach um das Land besser kennenzulernen. Mit dem Auto sind Reisen wesentlich einfacher und komfortabler, besonders mit Kindern. Das Reisen mit öffentlichen Verkehrsmitteln ist dagegen ziemlich anstrengend, dafür aber ein ganz besonderes Erlebnis. Mit großen Überlandbussen oder Sammeltaxis (Buschtaxis) ist fast jeder Ort erreichbar. Die Buschtaxis starten immer dann, wenn sie voll besetzt sind. Sie befinden sich meist in einem sehr schlechten bis miserablen Zustand und sind oft total überfüllt mit Fahrgästen, Gepäck, Fahrrädern, Ziegen, Schafen, Hühnern und sonstigem Hausrat. Gegen Wind und Staub bei meist offenen

*Regional- und Stadtbus Dakar/Senegal (Foto: Christine Kébé)*

Fenstern sollte man sich mit einer Kopfbedeckung, Halstuch und Sonnenbrille schützen. Die großen Überlandbusse haben feste Abfahrtszeiten und ermöglichen ein weniger strapaziöses Reisen. Sie verkehren aber nur zwischen größeren Städten und Ortschaften.

Christine Kébé

## Das Leben geht gemächlich seinen Gang – Annäherung an meine senegalesische Familie

*Was schnell kommt, verschwindet auch schnell.*
*Ghanaisches Sprichwort*

Noch eine Stunde bis zur Landung in Dakar, Senegal. Rechts und links, eng an mich gekuschelt, sind meine beiden zwei und vier Jahre alten Töchter eingenickt. Obwohl das Flugzeug voll besetzt ist, herrscht eine angenehme Ruhe. Die Menschen schlafen, lesen oder hängen, wie ich, den Gedanken nach. Draußen zieht die Nacht vorüber, und irgendwie ist alles für mich unwirklich. Ein großes Abenteuer nimmt seinen Lauf und ich bin mittendrin. Nie zuvor war ich so lange und so weit weg von zu Hause. Fast neun Wochen Verwandtenbesuch liegen vor mir und fast ein Jahr Vorbereitung hinter mir. Aufstellen von Impfplänen, Lesen von Reiseführern, Informationen sammeln über die Pulaar (Fulbe), den Islam, die Traditionen, die Kultur und das Leben im Senegal ganz allgemein. Meine Schwiegereltern leben im Norden Senegals in einem Dorf in der Nähe des Flusses. Einige Familienmitglieder leben in Dakar, so auch meine Englisch sprechende Schwägerin (sehr wichtig, da ich kein Französisch spreche), die uns abholen wird. Nach einer Woche in Dakar werden wir den Rest der Zeit im Dorf leben. Mein Mann kommt die beiden letzten Wochen nach und fliegt dann mit uns zurück nach Deutschland.

Im Flugzeug wird es unruhig, die Ankunft steht kurz bevor. Bereits an der Gepäckausgabe werden wir erwartet und von einem vierköpfigen Empfangskomitee begleitet.

Die ersten Tage sind angefüllt mit Einkäufen für das Dorf, Souvenirs für die Rückreise und ersten Verwandtenbesuchen. Dakar ist laut und hektisch, eine typische Großstadt, jedoch mit afrikanischem Flair. Dies macht uns die Eingewöhnung leichter. Im vollbepackten Mietwagen mit Fahrer geht es los in eine andere Welt, begleitet von meiner Schwägerin.

Spät nachts erreichen wir unser Ziel und werden dort von ungefähr zwanzig Frauen erwartet.

Nach nur wenigen Stunden Schlaf beginnt ein drei Tage dauernder Begrüßungsmarathon. Ich weiß bis heute nicht, wie viele Hände ich geschüttelt habe. Einhundert? Zweihundert? Vom Aufstehen bis zum Schlafengehen Begrüßung – nahezu ohne Pause. Wir sind erschöpft und genervt. Alle wollen sie die Frau und Kinder des ältesten Sohnes sehen, eine Weiße noch dazu. Neugierde treibt nahe und entfernte Familienmitglieder herbei. Danach wird es ruhiger, nur noch nächste Verwandte kommen täglich vorbei. Zuweilen komme ich mir wie auf einem Prüfstand vor. Ist sie anständig gekleidet, benimmt sie sich gut, ist sie intelligent, ist sie selbstbewusst, sind die Kinder wohlerzogen? Ich bin sehr angespannt, bemühe mich und versuche mich von der besten Seite zu zeigen. Wie sich herausstellt, geht es meiner Schwiegerfamilie umgekehrt nicht besser. Sie fragen sich, ob alles gut genug, bequem genug, angenehm und meinen Vorstellungen und Wünschen entsprechend ist. Am Thema Wäschewaschen entlädt sich die Anspannung. Jede meiner Schwägerinnen, ich habe sechs davon, will für mich waschen. Ich darf es nicht, will aber unbedingt. Auch sonst darf ich nichts, nicht kochen helfen, nicht Betten machen, nicht den Boden kehren, nicht sauber machen helfen, nicht einkaufen gehen, einfach nichts. Ich bin ausschließlich Gast. Zuerst verärgert setze ich mich zu den Wäscherinnen und fange an, Kleidungsstücke einzuweichen. Plötzlich bemerke ich mehrere Leute, die mich beobachten, offensichtlich erstaunt darüber, was ich mache. »Du hast doch eine Maschine zu Hause, woher kannst du mit der Hand Wäsche waschen?« Ich muss lachen, die anderen auch. Gemeinsam beenden wir die Arbeit, stellen fest, dass es so besser geht, und ab sofort darf ich am täglichen Arbeitsleben teilhaben.

Auf die Besuche der ersten Tage folgen nun Gegenbesuche meinerseits. Mit der Sprache geht es immer besser, ich verstehe bereits einiges in Pulaar und kann ein bisschen Konversation betreiben. Mir fällt auf, dass die Menschen sich beim Gespräch nur selten direkt ansehen. Bei uns ist es üblich, sein Gegenüber regelrecht zu fixieren; wenn nicht, taucht die Frage auf, ob einem derjenige nicht in die Augen schauen kann. Dort gilt es als unhöflich und wird als Anstarren, Konfrontation, ja Aggression empfunden. Hin und wieder vergewissert man sich, ob der andere noch zuhört und ansonsten beobachtet man die Umgebung oder tut irgend etwas nebenbei, zum Beispiel Tee kochen, nähen, sticken etc.

Eine meiner Schwägerinnen wird mir im Laufe der Wochen zur innigen Freundin. Wir verstehen uns ohne viele Worte, und unter Zuhilfenahme eines Französischwörterbuches und meines begrenzten Pulaarwortschatzes besprechen wir alles. Auch schwierige Themen, wie Eheleben, Sexualität und Beschneidung von Mädchen (wird in der Familie Gott sei Dank nicht mehr praktiziert). Unsere beiden Mädchen werden hemmungslos verwöhnt. Wenn ich versuche einzuschreiten, wird das mit dem Hinweis auf unseren kurzen Besuch unterlaufen.

*Essenszeit (Foto: Christine Kébé)*

Üblicherweise wird aus einer Schüssel auf dem Boden gemeinsam gegessen. Es wird eine große Matte untergelegt und vor und nach dem Essen werden Wasser und Seife zum Händewaschen gebracht. Da ich die Technik, mit der Hand zu essen, nicht beherrsche, wird mir nach der dritten oder vierten Mahlzeit automatisch ein Löffel gereicht. Meine Töchter haben damit keinerlei Schwierigkeiten und finden diese Art zu essen toll.

Das Leben geht gemächlich seinen Gang. Die Menschen haben mehr Zeit füreinander und miteinander. Gegenseitige Unterstützung ist selbstverständlich. Anfangs fiel mir ein Leben ohne Fernseher und Tageszeitung schwer, später genoss ich es. Ich habe viel beobachtet, manchen Standpunkt in meinem Leben verändert und betrachte seither einiges von einer anderen Seite.

Vieles könnte ich noch erzählen und es fällt mir schwer, zum Ende zu kommen. Der Abschied war tränenreich. Ich freue mich auf ein, so Gott will, baldiges Wiedersehen mit meiner Familie. Inschallah.

# In Westafrika leben?

*Ich kann nur jede Frau, die einen Mann aus Nigeria heiratet, ermutigen, längere Zeit in Nigeria zu leben. Sie wird vor allem schnell Kontakt zu den Frauen bekommen, den Frauen der Familie, des Dorfes und zu ganz fremden Frauen. Egal, wo ich war – ob in der chaotischen Großstadt Lagos oder irgendwo auf dem Lande –, sobald ich alleine war, haben mich immer Frauen angesprochen, mir geholfen, mich beschützt, mir Tipps gegeben. Es ist zwar schön, an der Seite eines Ehemannes das Land kennenzulernen, aber es ist bestimmt beeindruckender, aufregender und bereichernder sich in die Mitte nigerianischer Frauen zu begeben.*

Doris Weller, Nigeria

»Wo wollen wir leben? Wo können wir leben?« Diese Fragen stellen sich alle binationalen Paare irgendwann einmal. Deutsch-afrikanische Paare entscheiden sich mehrheitlich für Deutschland, da hier die wirtschaftlichen Rahmenbedingungen besser sind. Trotzdem kann ein längerer Aufenthalt in Westafrika sehr bereichernd für alle Familienmitglieder sein. Gerade für kleine Kinder ist das Leben in Westafrika fast paradiesisch und voller ungeahnter Freiheiten und Abenteuer.

Trägt man sich mit dem Gedanken einer Übersiedlung, so wird man sich früher oder später Fragen folgender Art stellen:
– Wie sieht diese andere Gesellschaft überhaupt aus?
– Welche Arbeitsmöglichkeiten gibt es? Kann ich im anderen Land meinen Beruf ausüben?
– Welche Schulen können die Kinder besuchen?
– Welche sozialen Sicherheiten gibt es?
– Welche Rückkehrmöglichkeiten kann ich mir offenhalten, wenn es schiefgeht?
– In Deutschland ist der/die nigerianische PartnerIn fremd, in Westafrika bin ich es. Wie wird sich das auf unsere Ehe/Beziehung auswirken?

Wer im Rahmen der Entwicklungszusammenarbeit nach Westafrika geht, braucht sich in der Regel keine finanziellen Sorgen zu machen. Der gewohnte Lebensstandard kann beibehalten, wenn nicht sogar gesteigert werden. Ganz anders ist die Situation für diejenigen, die ihr Geld an einheimischen Arbeitsplätzen verdienen müssen oder sich selbständig machen wollen. Die lokalen Gehälter sind sehr niedrig und das bedeutet konkret, den Lebensstandard und die eigenen Ansprüche deutlich zurückschrauben zu müssen. So sind z.B. viele Privatschulen und vor allem die internationalen Schulen mit einem westafrikanischen Einkommen unerschwinglich. Ob man eine solche Situation auf Dauer durchhält, ist fraglich. Eine Übersiedlung nach Westafrika muss deshalb sorgfältig bedacht und geplant werden.

Mit Sicherheit ist ein erster und wichtiger Schritt, Informationen über Land und Leute einzuholen, rechtliche Bedingungen der Aus- und Einwanderung abzuklären, die sozialen Verhältnisse und kulturellen Gepflogenheiten kennenzulernen; vielleicht kann man damit schon während Urlaubsaufenthalten beginnen. Allerdings sieht vieles, was bei Besuchen noch interessant und ›exotisch‹ erschien, ganz anders aus, wenn man auf Dauer damit zurecht kommen muss. Letztendlich bleibt aber nur die Möglichkeit es selbst auszuprobieren und zu erleben. Hilfreich zur Entscheidungsfindung sind dabei in jedem Fall Erfahrungsberichte von Frauen und Männern, die in dem betreffenden Land leben oder gelebt haben.

Annette Coly
## Tipps rund um die Übersiedlung

Das A und O bei der Planung eines längeren Aufenthaltes in Westafrika ist eine gute Vorbereitung, insbesondere dann, wenn auch Kinder mitreisen sollen.

Die Frage nach dem Wohnort muss dazu im Detail geklärt werden. So ist z.B. nicht jedes Viertel der Hauptstädte gleichermaßen für einen längeren Aufenthalt geeignet, auch wenn dieses einem bei Urlaubsreisen durchaus möglich erscheint. Meine Erfahrung ist, dass ein sehr viel niedrigerer Standard als der, den wir aus Europa nun einmal gewohnt sind, auf Dauer nicht gut auszuhalten ist.

Wichtig ist auch die Entscheidung, ob man in der Familie des Ehepartners leben möchte, wovon ich persönlich dringend abraten würde. Die Vorstellungen über das Familienleben können im Einzelnen sehr unterschiedlich und damit auf längere Sicht belastend sein.

Man sollte sich auch genau überlegen, wie der Lebensunterhalt mittel- und langfristig bestritten werden soll. Wie sehen die arbeitsrechtlichen und aufenthaltsrechtlichen Gegebenheiten im Land des Partners/der Partnerin aus? Gibt es Möglichkeiten zu einer Mitarbeit im Rahmen der Entwicklungszusammenarbeit? Wie sieht es mit einer eventuellen Selbständigkeit aus? Bei letzterer Frage ist ein Blick auf die eigentumsrechtlichen Fragen für Frauen dringend anzuraten.

Alle diese Informationen kann man in der Regel vor der Ausreise einholen. Zur Frage einer eventuellen Mitarbeit in Entwicklungsprojekten ist zu sagen, dass internationale Organisationen oft nach geeigneten lokalen Kräften suchen. Die Stellenausschreibungen findet man entweder in der lokalen Tagespresse oder man nimmt bereits von Deutschland aus Kontakt auf. Man sollte sich aber darüber bewusst sein, dass die Bezahlung dem jeweiligen lokalen Gehaltsniveau entspricht (Kontakte über www.gtz.de, www.ded.de, www.ageh.de, www.dse.de). Auch die Einschaltung der jeweiligen Vertretung der EU-Kommission kann nützlich sein, da sowohl für die Verwaltung als auch in den Entwicklungsprojekten ab und an lokales Personal gesucht wird.

Nach der Einreise sollte der erste Gang zur deutschen Botschaft führen, bei der man sich – insbesondere für Krisenfälle und eventuelle Evakuierungen – registrieren lassen sollte. Dort kann man eventuell auch aktuelle Informationen über vakante Stellen in der deutschen Entwicklungszusammenarbeit erhalten. Meiner Erfahrung nach ist es auch wichtig, Kontakt zu anderen Europäern oder Ausgereisten zu haben: Das erleichtert einem das Eingewöhnen und bedeutet auch ein Stück Zuhause.

Bei aller Begeisterung und Freude darüber, dass man sich dafür entschieden hat auszuwandern und in die Heimat des Partners zu gehen, sollte man drei Dinge unbedingt beachten:

1. Vermeiden sollte man auf jeden Fall die Kündigung der Rentenversicherung und die Auszahlung des eingezahlten Betrages! Vielmehr sollte geklärt werden, welche Möglichkeiten es gibt, auch bei einer Anstellung und Arbeit im nicht-europäischen Ausland die Rentenansprüche zu erhalten und gegebenenfalls die erforderlichen Zeiten anzusammeln.

2. Ebenfalls sollte vermieden werden, die Krankenversicherung zu kündigen; auch dies sollte erst nach intensiver Beratung und Abwägen anderer Alternativen erfolgen. Viele Krankenkassen bieten auch die Möglichkeit der Versicherung im Ausland an.

3. All die Dinge, die für eine eventuelle Rückkehr nach Deutschland bzw. in die EU dringend erforderlich sind und die ohne große Mühen fortgesetzt werden können, sollten so lange wie möglich bestehen bleiben. Denn das Gefühl, jederzeit in das Heimatland zurückgehen und dort wieder ein ›normales‹ Leben führen zu können, erleichtert auch das Einleben vor Ort, weil es den Erfolgszwang nimmt und es ermöglicht entspannter mit der Situation umzugehen.

# Gabriele Méité
## *Erster Kontakt mit Abidjan und der Schwiegerfamilie*

1987 im Sommer kam ich zum ersten Mal mit unserer kleinen Tochter zum Urlaub nach Côte d'Ivoire. Mein Mann, den ich Anfang 1984 in Frankfurt gegen Ende seines Studiums kennengelernt hatte, war schon 2½ Jahre wieder hier. In der ganzen Zeit hatte er uns nur einmal in Deutschland besuchen können, denn es war sehr schwierig für ihn, nach zwei Jahren in Ghana und acht Jahren in Deutschland in seinem Heimatland wieder Fuß zu fassen und Arbeit zu finden. Nach mehrmaligen Fehlversuchen nahm er schließlich eine Stelle als Funktionär im Wirtschaftsministerium an. Sein Verdienst war leider nur ein Taschengeld; er war gezwungen nebenbei Übersetzungen zu machen. Er hatte mit einem alten Freund zusammen eine Wohnung in einem *Cour commune* gemietet. Hier hausten wir drei nun während der vier Wochen Urlaub. Der Freund hatte sich netterweise zu Verwandten verkrümelt. Die Wohnung war gar nicht so schlecht, aber sie war im Erdgeschoss und die einzige, die fließendes Wasser hatte. So mussten alle Mitbewohner des »gemeinsamen Hofes« bei uns in der Küche Wasser holen. Das ging so von morgens um 4.00 Uhr bis nachts um 1.00 Uhr. Zum Glück war die Küche der erste Raum, den man betrat, aber es störte doch sehr. Noch mehr aber störten die vielen, bis zu 5 cm großen Kakerlaken und die Mäuse, die überall hin und her flitzten. Von diesen Unannehmlichkeiten einmal abgesehen, gefiel es uns sehr gut in Abidjan. Unsere kleine Tochter Jenny integrierte sich wie nichts und fand es herrlich. Nun entschieden wir, dass ich hierher umziehen sollte.

Bis ich im Januar 1988 einreiste, hatte mein Mann ein kleines Reihenhäuschen in einem netten Stadtteil gefunden. Leider zehrte die Miete fast sein ganzes Gehalt auf. Wir mussten äußerst genügsam leben. Den Kühlschrank brauchten wir eigentlich nur zum Kühlen von Leitungswasser und für die Milch, das Hauptnahrungsmittel unserer Tochter. Aber bald kam mein Container an und wir konnten uns häuslich einrichten. Das machte viel aus. Wir fühlten uns wohl und waren endlich wieder zusammen.

Ich hatte gehofft, schnell eine Arbeit zu finden, aber ich sprach so gut wie kein Französisch. Das war also ein relativ aussichtsloses Unterfangen.

Nach zwei Monaten hatte ich eine perfekte Figur, da wir viel Früchte und Gemüse (das billig ist) aßen und nur Wasser tranken. Bald fanden wir heraus, dass ich schwanger war. Knapp einen Monat später fühlte ich mich sehr, sehr schlecht. Ich hatte oft Fieber und Schüttelfrost oder mir wurde kalt und schwindlig. Nach einigen Tagen kam der Bruder meines Mannes, zu dem wir ein phantastisches Verhältnis hatten, uns besuchen. Er sah mir sofort an, dass ich Malaria hatte (trotz Prophylaxe!). Er brachte mich sofort in eine Klinik. Ich hatte bereits Halluzinationen und höchstes Fieber. Die Ärztin war sehr besorgt über meinen Zustand, gab mir sofort etliche Spritzen und verschrieb noch einige Medikamente. Am nächsten Abend saß ich im Flugzeug nach Deutschland, denn ich wollte zu Hause sterben. Mit Jenny verbrachte ich einen Monat bei meiner Mutter. Die letzten zwei Tage in Abidjan und weitere zwei Wochen in Deutschland sind wie weggewischt aus meinem Gedächtnis.

Zum Glück hatte die Malaria meine Schwangerschaft nicht beeinflusst. Meine Mutter war entsetzt, als ich ihr nach meiner Gesundung mitteilte, dass ich nun wieder zurück nach Westafrika wollte. Aber das machte ich dann ganz flott auch wahr. Die Schwangerschaft erwies sich als etwas schwierig und ich durfte nicht arbeiten. So lebten wir weiterhin sehr genügsam und versuchten, bereits etwas Geld für die Entbindung auf die Seite zu legen, denn wir hatten keine Krankenversicherung (dies war zu teuer) und ich wollte dennoch in einer guten Klinik entbinden.

Eines Tages, während mein Mann arbeiten war, hielt ein Taxi vor unserem Haus. Es stiegen eine ältere und eine jüngere Frau aus, und es folgten viele Reisetaschen und Kartons. Ich war erstaunt, als die beiden auf unser Tor zukamen. Als sie vor mir standen, glaubte ich, in der älteren Frau die Mutter meines Mannes zu erkennen, von der er stets ein Foto bei sich trug. Ich öffnete das Tor, streckte ihr die Hand entgegen und fragte »Maman?« Sie jedoch schien durch mich hindurchzuschauen, quetschte sich an mir vorbei und installierte sich auf der Veranda vor dem Haus. Ich wollte gleich kühles Wasser holen, da rauschte die junge Frau rasch an mir vorbei, machte meinen Kühlschrank auf und fragte unseren *boy* nach Gläsern. Ich konnte es nicht fassen.

Mit Jenny setzte ich mich auf die andere Seite der Veranda, und wir spielten. Die Mutter, die kein Französisch sprach, ließ über die jüngere Frau Essen beim *boy* anfordern. Als er es brachte, musterte sie es und fragte, wer es gekocht habe. Er antwortete: »Madame hat es gekocht.« Sie fegte den Teller weg, gab ihm Geld, schickte ihn auf den drei Kilometer entfernten Markt und ließ ihn etwas Neues kochen. Inzwischen schauten die beiden ständig zu uns 'rüber, redeten in Dioula (was ich nicht verstand), zeichneten meinen hochschwangeren Bauch nach und lachten richtig gemein. Als ich nicht mehr konnte, ging ich mit Jenny ins Schlafzimmer. Die Tränen liefen mir nur so aus den Augen. Schließlich hörte ich eine Autotür – mein Mann war da. Ich schaute aus dem Fenster. Er sah die beiden mit ihrem Gepäck auf der Veranda, lief an ihnen vorbei und kam direkt zu uns ins Zimmer. Er fragte mich kurz, was vorgefallen sei und erklärte mir dann, dass es sich wirklich um seine Mutter handelte und sie diese Frau für ihn seit Jahren ausgesucht hatte. Sie wollte nicht einsehen, dass er sich schon lange für mich entschieden hatte. Na, so hatte ich mir den ersten Kontakt zu meiner Schwiegermutter natürlich nicht vorgestellt. Mein Mann packte die beiden wortlos ins Auto und fuhr sie zu dem Bruder der Mutter, denn sie war von weit her mit dem Bus angereist.

Ich brachte bald einen wunderbaren Sohn zur Welt, den meine Schwiegermutter eines Tages abholen kommen wollte. Sie erklärte meinem Kindermädchen, das ihre Sprache verstand, dass es so Tradition sei. Der erste Sohn des Sohnes wachse bei seiner Oma auf. Ich protestierte, dass wir dieses Kind für uns selbst in die Welt gesetzt hatten und es nirgendwo anders aufwachsen würde. Das Kindermädchen übersetzte und die Oma zog beleidigt ab.

Unser Sohn war gerade drei Monate alt, als mein Mann zu einer Weiterbildung nach Deutschland geschickt wurde. Er war mittlerweile im Außenministerium gelandet und wollte ein Karrierediplomat werden. Diese sechs Monate seiner Abwesenheit entwickelten sich recht positiv. Kurz nach seiner Abreise traf ich zufällig eine Amerikanerin und erzählte ihr von meiner schwierigen Arbeitsuche. Sie gab mir den Tipp, es bei einer amerikanischen Entwicklungshilfeagentur zu versuchen; dort brauchte man kaum Französisch. Ich bekam dort tatsächlich einige Tage später einen Aushilfsjob als Sekretärin. Das war doch etwas! Bis mein Mann aus Deutschland zurückkehrte, hatte ich schon viele Kontakte geknüpft und sprach relativ gut französisch. Die Zukunft wurde für uns bald angenehmer, denn ich bekam einen festen Arbeitsplatz bei einer Entwicklungsbank angeboten, an dem ich dreisprachig arbeiten konnte und besser verdiente.

Meine Schwiegermutter habe ich bis heute nur ein weiteres Mal gesehen. Die Kinder hatten überhaupt keinen Drang zu ihr. Inzwischen haben wir uns so arrangiert, dass mein Mann sie, so oft es geht, besucht. Ich gebe dann Geld oder Geschenke für sie mit. Unser drittes Kind hat sie nie kennengelernt. Mit allen anderen Familienmitgliedern verstehe ich mich jedoch ausgezeichnet. Alle haben mich akzeptiert.

Ich liebe dieses Paradies Côte d'Ivoire sehr, und sollte ich heute sterben, wollte ich nicht mehr in Deutschland, sondern hier beerdigt werden.

Rosemarie Feucht
# Einmal Ghana hin und zurück, bitte!

Meine Erfahrungen einer Umsiedlung nach Ghana liegen zwar schon sechzehn Jahre zurück, aber an der Problematik einer Umsiedlung in ein westafrikanisches Land hat sich, glaube ich, bis heute nicht viel geändert.

1983, ich war damals sechs Jahre mit meinem Mann zusammen und wir hatten zwei Kinder, fünf und zwei Jahre alt, entschlossen wir uns nach Ghana umzusiedeln. Mein Mann hatte soeben sein Volkswirtschaftsstudium abgeschlossen und bemühte sich um eine Dozentenstelle an der Universität in Kumasi, die er auch erhielt. Ich hatte 1979 mein Betriebswirtschaftsstudium abgeschlossen, war 1983 noch im Mutterschaftsurlaub und dachte, irgendwo werde ich schon einen Job finden, wenn ich erst in Ghana bin. Der Vertrag meines Mannes beinhaltete eine Wohnmöglichkeit auf dem Gelände der Universität und über das angegebene Gehalt machte ich mir erst mal keine großen Gedanken. Dass es für unseren Lebensunterhalt nicht reichen könnte, kam mir gar nicht in den Sinn. Für mich war die Welt in Ordnung. Ich war neugierig auf Afrika, das ich vorher noch nie gesehen hatte, mit all dem Fremden, dem Geheimnisvollen, das es umgab. Wir trafen unsere Reisevorbereitungen. Mein Mann, der Vorsichtigere von uns beiden, bestand darauf, alles, was man irgendwie zum Leben brauchen könnte, aus Deutschland mitzunehmen. Wir kauften ein Auto, Möbel, haltbare Lebensmittel, Medikamente für Dutzende von Krankheiten, Kleidung, und, und, und... Er schleppte mich und die Kinder ins Tropeninstitut zu allen möglichen Impfungen und predigte uns fortlaufend, was man in Ghana tun darf und was nicht.

Anfang Oktober verließen dann zuerst ein Container mit unseren Habseligkeiten per Schiff und dann wir vier per Flugzeug Deutschland. Meine Große war etwas verstört. Sie wollte nicht aus Deutschland weg, von ihren Freunden und von den Großeltern. Sie war aber auch neugierig auf Ghana und auf die Familie ihres Vaters. Die Kleine war noch zu klein, um die Veränderung richtig mitzubekommen. Für sie war die Welt in Ordnung, wenn Mama und Papa und ihre Schwester da waren. Ich kann mich noch gut erinnern, wie wir nachts, um Stunden verspätet, am Airport in Accra angekommen sind. Ich kann sogar noch die feuchte schwüle Luft fühlen, die mir fast den Atem genommen hat und die fremdartigen Gerüche, und in dem Moment ist mir eigentlich zum ersten Mal bewusst geworden, dass ich mein Leben in Deutschland abgebrochen hatte und ein neues in Ghana beginnen musste, von dem ich noch nicht wusste, wie es aussehen sollte.

In einer andern Welt, in der sogar die Luft, die man atmete, fremd war. Frische, kühle Luft war dann auch das, nach dem ich in den drei Jahren, die ich in Ghana lebte, am meisten Sehnsucht hatte. Die Zollformalitäten waren eigentlich sehr schnell erledigt. Die Kinder waren erschöpft und müde und sahen auch so aus und da lernte ich zum ersten Mal die Freundlichkeit und Gastfreundschaft der Ghanaer kennen. Wir wurden der Kinder wegen vorrangig und unbürokratisch abgefertigt. Irgendwie kamen wir dann mit dem Taxi ins Gästehaus der Universität Accra und dort wurde uns ein Zimmer zurechtgemacht, obwohl wir eigentlich nicht erwartet wurden. Man hatte vergessen uns anzumelden. Das war das zweite, was ich über Ghana lernte. Verlasse dich nur auf die Dinge, die du selbst organisiert hast, aber Improvisation ist nie ein Problem. Man weiß sich immer zu helfen und man bekommt auch immer Hilfe, wenn nötig. Am nächsten Tag nahmen wir dann ein Flugzeug nach Kumasi. Der Bruder meines Mannes holte uns am Flughafen ab. Wir fuhren mit dem Taxi an die Universität und wollten den uns zugesagten Bungalow beziehen. Fehlanzeige! Im Vertrag stand zwar, dass wir einen Bungalow bekämen und telefonisch wurde dies auch bestätigt. Aber momentan war gerade keiner frei. Aber auch hier wurde uns geholfen. Wir wurden für drei Wochen, bis wir ein Haus hatten, ins Gästehaus der Universität einquartiert, wir wurden mit Essen versorgt (was damals wirklich schwierig war, weil Ghana starke Probleme bei der Nahrungsmittelversorgung hatte), uns wurde die Wäsche gewaschen und uns wurde Wasser zum Baden gebracht, wenn die Wasserversorgung wieder einmal nicht funktionierte. Ich gewöhnte mich allmählich an die unzähligen, allgegenwärtigen Eidechsen, die mir andauernd über die Füße huschten, meine Kinder schlossen Freundschaft mit den Nachbarskindern. Obwohl meine beiden kein Twi und kein Englisch konnten, spielten sie zusammen und nach ein paar Tagen sprachen sie auch zusammen. In einem etwas seltsamen Englisch, aber sie verstanden sich. Mein Mann kämpfte in Accra am Hafen, dass er unseren Container durch den Zoll bekam, und ich kämpfte in Kumasi um eine Wohnung. Nach drei Wochen hatten wir beides.

Wir zogen in unseren Bungalow ein, renovierten ein bisschen und waren glücklich. Wir lernten allmählich unsere Nachbarn kennen. Für meine Kinder war alles neu und interessant (für mich auch). Sie waren bei den Nachbarn und spielten dort oder die Nachbarskinder waren bei uns und spielten hier. Nach einem Monat fühlten sich die Kinder ganz zu Hause. Mein Mann vermisste die ›europäische Zivilisation‹ viel stärker als ich. Für ihn war es eine Katastrophe, dass wir nur alle zwei Tage Strom hatten und das Wasser immer wieder abgestellt wurde. Für mich war es ein Abenteuer. Ich kochte auf dem *coal pot*, nachdem ich zwei Wochen gebraucht hatte um zu lernen, wie man dieses verdammte Ding zum Brennen bringt. Und die dunklen Abende ohne Strom, wenn die Sterne leuchteten und der Mond groß am Himmel stand, waren wunderschön. Am Tag, an dem wir in unseren Bungalow einzogen, vermittelte mir eine andere mit einem Ghanaer verheiratete Deutsche einen Job, der mir während meines Ghana-Aufenthalts zu der Mangelware Benzin verhalf. Es war gut, dass wir so viel aus Deutschland mitgebracht hatten. Vor allem die Lebensmittel waren wichtig, weil es damals wirklich überhaupt nichts zu kaufen gab. Auch das Auto war eine sehr große Hilfe. Möbel hätte ich besser in Ghana gekauft. Dort gab es recht solide Holzmöbel ganz günstig. Ohne meinen Job, bei dem ich etwa das 20fache meines Mannes verdiente, hätten wir, auch wenn wir unsere Ansprüche auf ein Minimum heruntergeschraubt hätten, nicht in Ghana leben können. Ich habe oft die ghanaischen Kollegen meines Mannes und deren Familien bewundert, die das irgendwie schafften, indem sie irgendwelche Nebeneinkünfte organisierten oder Geld und Lebensmittel von weiß Gott woher beschafften. Ich weiß von meinem Schwager, dass die Lohnsituation in Ghana noch immer ähnlich gelagert ist. Auch jetzt ist es nicht möglich, mit dem Gehalt eines Angestellten den Lebensunterhalt zu bestreiten.

Unser Alltag in Ghana hat sich von dem in Deutschland nicht viel unterschieden. Statt im Supermarkt bin ich auf dem *central market* einkaufen gegangen. Wir brauchten keine Heizung, es gab kein Fernsehen und kein Telefon, hin und wieder ist der Strom ausgefallen oder die Wasserversorgung zusammengebrochen. Aber sonst ist alles so abgelaufen, wie hier auch. Für uns: Arbeit, Kinder, Freizeit, Hausarbeit. Für die Kinder: Schule und spielen.

Ich habe mich allmählich an die ständige Hitze gewöhnt, an das andauernde Schwitzen, an das nächtliche Quaken der Frösche, das oft nächtelange Trommeln und an die andere Art, wie die Menschen miteinander umgehen. Ich habe mich an den Tod gewöhnt, über den bei uns nicht gesprochen wird, den man aber in Ghana fast täglich irgendwo trifft. Ich habe akzeptieren gelernt, dass Korruption manchmal zum Überleben notwendig ist. Ich habe gelernt, dass Menschen lachen und feiern können, auch wenn sie kein Geld haben. Ich habe gelernt, dass Zeit in Deutschland und in Ghana verschiedene Dimensionen hat. Ich wurde als Fremde in Ghana sehr freundlich aufgenommen und ich habe mich dort sehr, sehr wohl gefühlt.

Als ich nach drei Jahren mit meiner Familie wieder nach Deutschland zurückgekehrt bin, haben praktische Gründe dafür den Ausschlag gegeben. Die Große musste auf eine höhere Schule und mein Mann wollte promovieren. Ich bin nicht gerne nach Deutschland zurückgegangen und der Umzug und die Eingliederung in den deutschen Alltag waren für mich viel schwieriger als der Umzug und die Eingliederung nach Ghana. Mir fehlt das Trommeln und mir fehlt das nächtliche Quaken der Frösche. Mir fehlen die üppigen Pflanzen und die heftigen Gewitter. Mir fehlen die freundlichen Menschen und die ernsten Bürokraten. Aber ich möchte nicht zu Besuch nach Ghana fahren. Ich sehe mir auch nicht gerne alte Fotos an.

Ich bereue nichts an meiner damaligen Entscheidung nach Ghana zu gehen. Es war richtig. Aber mit meiner Erfahrung heute würde ich es anders machen. (Gut, dass ich die damals noch nicht hatte, sonst hätte ich gar nichts gemacht!) Wir hatten sehr viel Glück. Man sollte vor der Auswanderung unbedingt die Einkommens- und Wohnsituation abklären. Man sollte sich auch einen Rückweg nach Deutschland offen halten. Ich habe viele Frauen kennen gelernt, deren Männer eine zweite ghanaische Frau geheiratet haben und denen nichts anderes übrig geblieben ist, als alles zu akzeptieren, weil sie von ihren Männern abhängig waren, alle Brücken nach Europa abgebrochen hatten und nicht zurück konnten. Man sollte auf alle Fälle für den Krankheitsfall in Deutschland versichert sein und man sollte eine Altersvorsorge aufbauen. Hat man diese praktischen Dinge erledigt, Flugticket kaufen und ab nach Ghana. Auch wenn's nur für ein paar Jahre ist. Es lohnt sich.

Theresa Owusu
## Abenteuer Ghana – eine Reise in die Kindheit

Mein Name ist Theresa Owusu und ich bin Kind einer afrikanisch-deutschen Ehe, wie so viele andere junge Menschen hier in Deutschland. Ich habe die meiste Zeit meines Lebens in Deutschland verbracht und dennoch hatte ich das Glück, auch das Heimatland meines Vaters für drei Jahre meines Lebens mein Zuhause nennen zu dürfen.

Es war 1983. Meine Eltern beschlossen damals nach Ghana zu gehen. Ich war fünf Jahre alt, meine Schwester zwei. Oft werde ich gefragt, ob ich mich denn überhaupt noch an die Zeit dort erinnern könne. Klar, kann ich das. Natürlich erinnere ich mich nicht an jedes und alles, was ich dort erlebte, vielmehr sind mir Momente und Episoden, Geschmäcker, Düfte und Geräusche, Menschen und *African Spirit* in Erinnerung geblieben.

Die ersten Erinnerungen an unsere große Reise sind gar nicht positiv. Ich erinnere mich an die Gefühle, die ich vor unserer Abreise hatte. Ich wusste, irgend etwas ging vor, das vielleicht mit einem Risiko behaftet sein würde, das etwas Neues in unser aller Leben bedeuten würde, das weit weg von allem, was mir lieb war, stattfinden würde. Die Vorbereitungen, die Familienatmosphäre, alles roch nach Veränderungen, die ich als Kind eigentlich nicht wollte. Das Leben würde jetzt nicht mehr so weitergehen, wie es bis dahin gewesen war.

Als Kind denkt man über diese Sachen nicht so nach, man spürt sie vielmehr. Man wird ja auch nicht gefragt. Man vertraut seinen Eltern und folgt ihnen bedingungslos, solange man sich nur ihrer Nähe bewusst ist. Ich war mir der ganzen Bedeutung unseres Umzugs nicht bewusst, auch in den drei Jahren, die ich in Ghana verbrachte, nicht. Erst durch meine Rückkehr und das Erwachsenwerden habe ich verstanden und erfahren, wieweit mich meine Kindheit in Ghana geprägt hat und wie wichtig sie für mich war.

*Unsere Zeit in Kumasi*

Mit einem Riesencontainer, vollgestopft mit Ikeamöbeln, Auto, Töpfen, Geschirr, Haushaltsutensilien, Spielsachen und Büchern wurde unser Bungalow in der University-Siedlung eingerichtet. Papa arbeitete an der Uni. Mama blieb zunächst zu Hause, fand aber dann auch einen Job an meiner Schule und später bei einer Schweizer Firma. Wenn ich mir so die Inneneinrichtung unseres Hauses in die Erinnerung zurückrufe, so waren wir ziemlich europäisch eingerichtet. Aber auch unser Leben lief niemals richtig typisch afrikanisch ab. Wir wohnten in einer Siedlung, in der hauptsächlich ghanaische Angestellte, Professoren und Mitarbeiter der Uni mit ihren Familien wohnten, aber auch ausländische Familien, die entweder im Missionsdienst tätig waren oder aber für die Uni arbeiteten.

Kumasi war zu der Zeit weitgehend fernseh- und telefonfrei, auch unser Haus, und das ist auch einer der Gründe, weshalb ich behaupten möchte, ich hätte niemals eine so schöne Kindheit in Deutschland erleben können.

Es hört sich vielleicht klischeehaft an. Aber es war wirklich so. Dadurch, dass das Leben weitgehend ohne Fernsehen und Telefon verlief, hatten wir einfach mehr Zeit, und es lief alles in viel ruhigeren Bahnen ab. Unsere Eltern hatten außerhalb der Arbeit massig Zeit für uns. Wir spielten viel und lasen. Ich verschlang förmlich die Kinderbücher. Wir erfanden Spiele, unter anderem ein paar Brettspiele, nahmen Kassetten auf mit

unserem eigenen Entertainment-Programm, spielten die *asante version*
von Fuchsjagd mit meinem Onkel, der bei uns wohnte, machten uns Nasen
aus Pflanzen und schlürften Nektar aus Hibiskusblüten, machten *music
sessions* in unseren Häusern. Unsere Lieblingsbeschäftigung aber war die
Jagd auf Schmetterlinge (die wir hoffentlich dadurch nicht ausgerottet
haben!!). Es gab Tausende in den verschiedensten Farben. Ghana ist ein
Schmetterlingsparadies. Wir hatten ein Schmetterlingsnetz und fingen sie
ein. Wir gaben ihnen Namen und beherbergten sie zunächst in Gläsern.
Wir stellten ihnen Zuckerwasser und Pflanzen hinein, tauften sie auf so
poetische Namen wie »Beauty« oder »Purple Dream«, und waren todtraurig und verwundert, wenn sie jedes Mal nach ein paar Tagen starben, obwohl wir uns doch so gut um sie gekümmert hatten und sogar mit ihnen
redeten. Wir hatten immer Freunde im Haus oder waren bei Freunden,
verbrachten den lieben langen Tag auf der Veranda beim Gummihüpfen
und waren einfach glücklich. Abends war es immer sehr ruhig und vor
allem sehr dunkel. An die Dunkelheit und die Ruhe erinnere ich mich. In
Deutschland wird es nie richtig dunkel. Wir haben Straßenlampen,
Leuchtreklamen, das elektrische Licht streikt fast nie. In Ghana wurde es
bereits ab 17.00 Uhr stockfinster und man wurde von einer für Europa
ungewöhnlichen Ruhe eingeholt. Es gab fast keine Geräusche. Nur das
einschläfernde Zirpen von Grillen und das Quaken von Fröschen die ganze Nacht hindurch. Die Ruhe wirkte damals beschützend und beruhigend
auf mich. Heute macht sie mir Angst.

*Schule und Freunde*

An neuen Freunden fehlte es mir wirklich nicht. Ich kam in eine Art Vor-
schule und dann in eine öffentliche Schule, die ich allerdings nur ein paar
Wochen besuchte. Ich erinnere mich daran, dass ich ziemlich aufgeregt
war. Mama hatte mir, ganz deutsch, eine Schultüte gemacht und ich bekam auch ein orange-kariertes Kleid, das die Schuluniform war. Ich fand
das alles ganz aufregend. Mir gefiel es in dieser Schule, wo ich hauptsächlich unter ghanaischen Kindern war, bis zu dem Tag, als die Lehrerin
ein Kind vor der Klasse mit dem Stock schlug. Von diesem Tag an hatte
ich eine Heidenangst vor der Klasse, obwohl ich wusste, dass meine Mutter den Lehrern gesagt hatte, sie dürften mich nicht anrühren.

Ich kam dann in die Ridge School, eine internationale private Schule,
die von der australischen Mrs. Ofori geleitet wurde, die mit einem Ghanaer verheiratet war und seit 30 Jahren in Kumasi lebte. Ridge School, das
bedeutete Kinder aus Ghana und allen Ländern der Erde oder mit Eltern-

teilen aus allen erdenklichen Ländern der Erde. Sie waren aus den USA, Mexiko, Norwegen, Irland, Frankreich, Deutschland, Russland, Libanon, England, Schweiz, um nur einige zu nennen. Viele Kinder waren, so wie ich, nur ein paar Jahre in Ghana, andere waren bereits in Ghana geboren und hatten hier ihren festen Wohnsitz. Ridge School bedeutete auch ein kleiner Swimmingpool, der allerdings nur alle heiligen Zeiten mal gefüllt wurde, Trampolin springen, eine kleine Sportarena, Familienatmosphäre und zahlreiche Schulfeste. Ridge School, das waren aber auch typisch ghanaische *Morning Assemblies*. Das heißt, jeden Morgen stellten sich die verschiedenen Klassen reihenweise auf dem Schulhof auf und dann ging die Eröffnungszeremonie los: »Good morning, boys and girls« und dann das Piepsen und Kreischen von uns allen: »Good morning, Mrs. Ofori«. Meist folgte dann eine kleine Ansprache und zu guter Letzt tönte aus unser aller Munde unser Morgenlied »Morning has broken« mit allen Strophen. Es war mein Lieblingslied.

Eine meiner Lieblingsbeschäftigungen in der Schule war außerdem die tägliche Pflicht, in unser Tagebuchheft zu schreiben. Ich habe diese Hefte immer noch, sie sind eine schöne Erinnerung und halfen uns Kindern, glaube ich, unsere Eindrücke zu verarbeiten.

Im Nachhinein gesehen war der Schulstandard in der Ridge School sicherlich mit dem europäischen zu vergleichen, wenn er nicht sogar darüber lag, was ein Test bewies, den ich nach der Rückkehr nach Deutschland machen musste, angeordnet vom Bayerischen Kultusministerium, um die dritte Klasse nicht noch einmal wiederholen zu müssen. In Mathe war ich, die ich aus der ghanaischen ›Buschschule‹ kam, laut Prüfer sogar um Meilen weiter!

*Oma und Opa*

Ich hatte ja bis dahin meine ghanaischen Großeltern noch nicht kennen gelernt und ich kann mich auch gar nicht mehr genau an die erste Begegnung erinnern. Besser erinnere ich mich an das erste Mal, als wir ins Dorf meines Vaters fuhren, das außerhalb von Kumasi lag. Die Hinfahrt war ein Abenteuer für sich. Wir fuhren durch üppige Waldlandschaft und auf ungeteerten Straßen. Wir mussten einen Fluss überqueren, dessen Brücke nur aus ein paar Holzbrettern bestand. Ich weiß noch, dass ich damals richtige Todesängste um meine Mama ausstand. Da nur sie einen Führerschein hatte, fuhr sie, und wir Kinder mussten mit Papa und Onkel aussteigen und zu Fuß die Bretter überqueren. Ich geriet in Panik und war der festen Überzeugung, dass meine Mutter im Fluss landen würde, wo sie von Krokodilen und Seeschlangen aufgefressen werden würde. Wie sie den Balanceakt über diese paar Bretter, die teilweise eingestürzt waren, geschafft hat, weiß ich bis heute nicht. Auf jeden Fall haben wir überlebt.

Im Dorf angekommen sorgten wir für einiges Aufsehen. Kinder liefen uns hinterher und es gab viel Stimmung und Getöse. Auch habe ich hier meine erste Erinnerung an Armut. Es gab viele Lehmhäuser, die teilweise eingefallen waren und die Menschen waren ärmlich gekleidet. Die Kinder wurden draußen in Bottichen gewaschen und alles war sehr ländlich.

Was meine Großeltern betrifft, so erinnere ich mich nur, dass ich meinen Großvater sehr mochte, dass ich mich mit ihm aber nicht unterhalten konnte, da ich nur ein paar Brocken Twi sprach und meine Großeltern kein Englisch sprachen. Was mich sehr beeindruckt hat und was ich nie vergessen werde, ist, dass er einmal kurz vor Weihnachten vorbeikam und mir und meiner Schwester eine Orange und 20 Cedis vorbeibrachte. Das war bestimmt weniger als eine Mark, für mich und für ihn war es aber viel Geld. Ich weiß noch, dass ich eine tiefe Zärtlichkeit für diesen Mann empfunden habe, den ich nur ein paar Mal gesehen habe, der aber für immer in meinem Herzen bleiben wird. Ich kann mich erinnern, dass ich sein Gesicht sehr mochte. Vielleicht weil es meinem und dem meines Vaters ähnelt.

*Besuch im Dorf bei Großvater Yaaba (Foto: Ulrike Kéré)*

## Alltags-Highlights

Natürlich gab es in unserem Ghana-Alltag auch die absoluten Highlights, die jeden Kinderalltag versüßen. So waren es vor allem die paar Mal, in denen wir die mühsame Holper-die-Polterstraße nach Accra oder Takoradi auf uns nahmen und an zahlreichen bewaffneten Polizei- und Militärkontrollen vorbei an den Strand fuhren. Das war immer ein Erlebnis. Zunächst einmal machten mir die Kontrollen Angst. Jedes Mal, wenn wir an einem solchen Posten vorbeikamen, dachte ich, wir werden gleich verhaftet oder erschossen oder sonst irgendwas. Die Posten hatten Gewehre und das bedeutete für mich: Diese Menschen können uns totschießen oder verhaften; diese Menschen sind böse. Ich stand jedes Mal kindliche Höllenqualen aus. Dann aber, an unserem Ziel angekommen, war es immer wunderschön. Ich hatte zwar am Anfang eine Heidenangst vor den riesigen Wellen des Atlantiks, doch schon bald stürzten wir uns in die Fluten wie die anderen Kinder, bauten Sandburgen, spielten, suchten nach Muscheln und hatten jedes Mal einen Riesenspaß am Strand.

Ein weiteres Highlight, an das ich mich gerne zurückerinnere, waren die Sonntage in der Kirche. Kirche in Ghana, das bedeutete nicht langweilige Predigten mit kindereinschläfernden Chorälen. Kirche in Ghana bedeutete Stimmung, Party, Tanzen, Singen, Freude. Es wurden rhythmusgeladene Lieder gesungen und die Menschen sangen voller Inbrunst, tanzten sich zur Kollekte vor und waren ganz in ihrem Element. Die Kirchen waren meist bis zum Bersten voll und obwohl die Messe fast doppelt so lange dauerte wie in Deutschland, verging die Zeit wie im Flug. Kirche machte Spaß in Ghana und war immer meine kleine private Sonntagsparty für Gott. Wir liebten es, in die Kirche zu gehen, vor allem, weil wir dann auch meistens an Ständen vorbeikamen, an denen die berühmte, für mich unvergessliche rote Ghana-Schokolade verkauft wurde. Die nationale Schokolade von Ghana ist für mich nach wie vor die beste Schokolade der Welt und ich vermisse sie heute noch. Schokolade kaufen war echt stark. Es gab sie nicht so oft und vor allem gab es nur die eine. Deswegen war es etwas ganz Besonderes.

## Scheiden tut abermals weh

Ich war todtraurig, als das Ende meiner Zeit in Ghana gekommen war und meine Eltern nochmals über unser Leben bestimmten. Es sollte nun wieder in Deutschland weitergehen. Meine Freunde und mein Leben waren jetzt hier, aber wieder musste ich von allem Abschied nehmen, was wieder sehr hart für mich war, obwohl ich mich auch sehr auf Deutschland, meine

Großeltern und Freunde freute. Meine Mutter wollte eigentlich zuerst nicht wieder zurück. Doch mein Vater bestand darauf, was ich im Nachhinein auch als Glück empfinde. Ich hatte die schönste Kindheit, die man sich nur vorstellen kann, in Ghana und ich vermisste lange Zeit nach meiner Rückkehr die Freiheit, die ich dort genossen hatte und die es in Deutschland nie geben kann. Im Hinblick auf unsere Zukunftsmöglichkeiten, was die Ausbildung betrifft, hatten wir Kinder aber in Deutschland einfach die besseren Chancen.

Das Wiedereinleben in Deutschland war etwas schwieriger als das Einleben in Ghana, da vieles nicht mehr so war, wie ich es in Erinnerung hatte. Ich fand aber auch hier schnell neue Freunde und habe mich auch mühelos in der Schule angepasst. Doch lange Zeit hatte ich große Sehnsucht nach meinem Leben in Ghana, nach der Freiheit, der Zeit, der Ruhe, der Lebensfreude und der Freundlichkeit. Es fehlte ein Teil von mir, was mich traurig machte, da die Verbindung nach Ghana nur durch meine Freundin Guri und meinen Lieblingsonkel aufrechterhalten wurde.

Es waren nur drei kurze Jahre meiner Kindheit, die ich in Ghana verbracht habe, doch sie haben mein Handeln, mein Denken, meine Entwicklung und meine Weltanschauung entscheidend geprägt und sind heute noch sehr wichtig für mich. Ich möchte behaupten: Das Abenteuer Ghana war wohl eines der wichtigsten in meiner Kindheit und vor allem war es auch eines der schönsten. Ich bin glücklich, dass ich diese Zeit erleben durfte und möchte sie um nichts in der Welt missen. Obwohl ich momentan als Zentrum meines Lebens Deutschland oder Europa sehe, ist Ghana noch immer tief in meinem Herzen verankert und wird es immer bleiben. Ich wünsche jedem Kind einer binationalen Familie das gleiche Glück, den zweiten Teil seiner Herkunft erfahren zu dürfen. Es stärkt und festigt fürs Leben.

Almut Hagedorn-Doumbia
## Schwangerschaft in Mali

Ich wollte, dass mein erstes Kind in Mali geboren wird. Wir wollten weiterhin dort leben und es schien mir unverantwortlich, hochschwanger und mit einem Neugeborenen hin- und herzufliegen. Ich hatte eine sehr erfahrene Hebamme, ansonsten gab es keine Hilfsmittel im Falle von Komplikationen. In Deutschland hat man Frauen jahrzehntelang von ihren natürlichen Funktionen entfremdet, die Schwangere zur Kranken gemacht. Ich war froh, dem allen entkommen zu sein. Aber die Zeit der Schwangerschaft war nicht leicht. Mir war neun Monate lang schlecht, die Hitze war fürchterlich und ich bewegte mich weniger und weniger. Das sei einer Schwangeren nicht zuträglich und schade der Gesundheit und der Moral. Trotzdem war ich froh in Mali zu sein, umgeben von erfahrenen Frauen, für die Schwangerschaft etwas Selbstverständliches ist und die mir mit ihren Späßen vieles erleichterten.

Die Geburt ging gut. Ich hatte lange mit den Wehen zu kämpfen und mein Mann, der erst entschieden hatte nicht dabeizubleiben, sondern vor der Tür zu warten, wurde in die Apotheke geschickt, um ein Mittel für mich zu besorgen. Unterwegs traf er zwei deutsche Freundinnen von mir und seine Schwester. Alle kamen zur Geburt und blieben mit ihm bei mir. So hatte ich an jeder Hand und jedem Fuß einen Menschen, der mir Kraft gab. Ich war sehr dankbar.

Gleich nach der Geburt kam viel Besuch. Nachbarn, Freunde, Verwandte. Ich bekam eine unglaublich scharfe Kuttelsuppe, die ich essen musste: zur Reinigung, hieß es. Sie schmeckte ausgezeichnet. Dann wollten alle Frauen das Kind auf den Arm nehmen. Das ertrug ich nicht gut. Es war noch so neu und empfindlich. Aber ich freute mich auch, dass das Kind von allen so freudig begrüßt wurde und wollte keine Spielverderberin sein. Die Frauen gingen sehr behutsam mit uns beiden um. Sobald mein kleiner Sohn den Mund zum Weinen verzog, wurde er mir zurückgegeben.

In den folgenden Wochen lehrten mich die Frauen auf die Bedürfnisse meines Kindes zu achten. Ich klebte an den Geschichten meiner Mutter: »Das Kind soll alle vier Stunden trinken, nicht dazwischen, sonst findet es keinen Rhythmus und die Brust entzündet sich. Der Säugling soll in der Zwischenzeit in Ruhe gelassen werden, dass er schlafen kann.« Die Frauen um mich herum achteten nicht auf die Uhr oder auf Ruhe und Rhythmus. Mittendrin und plötzlich sagten sie: »Er ist müde, trag ihn herum, er will schlafen!« Oder: »Er hat Hunger, gib ihm die Brust!« Ich fragte wie sie wissen konnten, was er gerade brauche, und sie sagten: »Das ist doch ganz einfach: Wenn er gähnt und die Augen reibt, ist er müde. Wenn er schmatzt und leckt, hat er Hunger. Wenn er unruhig ist, tut ihm die Brust immer gut.«

# 3. Teil:
## Landeskundliche Informationen

*Baobab im Sahel (Foto: Ulrike Kéré)*

# Westafrika

›Westafrika‹ erstreckt sich von der Atlantikküste im Westen bis zum Tschad-See im Osten und von der Sahara im Norden bis zum Golf von Guinea im Süden. Wichtigster Fluss ist der Niger, der Westafrika in einem großen Bogen durchfließt. Dieser riesige Naturraum ist von einer ungeheuren Vielfalt und beherbergt eine sehr große Zahl verschiedener Völker mit unterschiedlichen kulturellen Traditionen, eigenständigen Sprachen und eigenen historischen Entwicklungen. Die heutigen nationalen Grenzen sind allerdings ein Erbe der Kolonialzeit und haben wenig mit den historisch und kulturell gewachsenen Bindungen der Volksgruppen zu tun.

## Klima- und Vegetationszonen

Westafrika gehört zu den wechselfeuchten Tropen mit Sommerregenklima und lässt sich in drei große Klima- und Vegetationszonen gliedern, die mehr oder weniger parallel zu den Breitengraden verlaufen. Im Süden, entlang der Küste, verläuft die sogenannte Guineazone. Nach Norden schließen sich die Sudanzone und, weiter in Richtung Sahara, die Sahelzone an. Das Klima ist durch den jahreszeitlichen Wechsel von Trokken- und Regenzeit geprägt. Die Niederschlagsmenge und die Dauer der Regenzeit nehmen von Süden nach Norden, also von der Küste zur Sahara hin kontinuierlich ab.

In der Guineazone, entlang der Küste (Golf von Guinea), fallen Niederschläge bis zu 4000 mm pro Jahr. Man unterscheidet zwei Regenzeiten: die ›große‹ von Mitte Mai bis Mitte Juli und die ›kleine‹ von Anfang Oktober bis Anfang Dezember. Die Temperaturen sind das ganze Jahr über relativ gleichbleibend (20–30°C mittlere Tagestemperatur) mit geringen Temperaturschwankungen zwischen Tag und Nacht und hoher Luftfeuchtigkeit. Die natürliche Vegetation der Guineazone sind immergrüne tropische Regenwälder. Es finden sich allerdings nur noch vereinzelte Primärwaldreste. Durch die Eingriffe des Menschen (Brandrodungen, Abholzungen etc.) überwiegen inzwischen die artenärmeren Sekundärwälder und großangelegte Plantagen (Kakao, Kaffee etc.).

In der Sudanzone, die den größten Teil Westafrikas einnimmt, fallen Jahresniederschläge zwischen 500 und 1200 mm und die Regenzeit dauert bis zu sechs Monaten (Mai bis Oktober). Charakteristisch für die Trockenzeit ist der Harmattan, ein sehr trockener, staubführender Nordost-Wind.

Es ist das ganze Jahr über relativ heiß (24-28°C mittlere Tagestemperatur). Die Tageshöchstwerte liegen meist über 30°C, in der heißesten Zeit (April/Mai) manchmal auch über 40°C. Die typische Vegetation der Sudanzone sind Savannen, weite Grasfluren mit mehr oder weniger dicht eingestreuten Bäumen und Sträuchern.

*Typische Landschaft der Sahelzone (Foto: Christine Kébé)*

Die Sahelzone ist seit den Dürrekatastrophen der 70er Jahre in Europa als Krisenregion bekannt. Der Begriff ›As-sahil‹ bedeutet auf Arabisch ›Küste‹ oder ›Ufer‹ und bezeichnet das Ufer der Wüste, d.h. den Rand der Sahara. Das Klima der Sahelzone ist durch eine sehr kurze, maximal viermonatige Regenzeit (Juli bis Oktober) und jährliche Niederschläge von weniger als 500 mm gekennzeichnet. Die Temperaturunterschiede zwischen Tag und Nacht sind oft enorm, Höchsttemperaturen über 40°C keine Seltenheit. Die natürliche Vegetation der Sahelzone bilden Trocken- und Dornsavannen, die nach Norden in baumlose Steppen und Halbwüsten übergehen.

Karge Niederschläge, Hitze und Wassermangel gehören in der Sahel- und Sudanzone seit jeher zur Normalität der hier lebenden Menschen. Sie haben im Laufe der Jahrhunderte extensive Landnutzungssysteme entwickelt, die optimal an die natürlichen Gegebenheiten angepasst sind. Das schnelle Bevölkerungswachstum der letzten Jahrzehnte und der dadurch zunehmende Landdruck führen allerdings zu einer immer stärkeren Übernutzung und Degradation des natürlichen Lebensraums (Desertifikation).

## Geschichte

Entgegen der landläufigen Meinung ist Westafrika alles andere als ein ›geschichtsloser Kontinent‹. Schon lange bevor die ersten Europäer als Entdeckungsreisende kamen, gab es hier blühende Kulturen und bedeutende Königreiche. Das älteste bekannte Großreich Ghana entstand etwa 600 n. Chr. westlich von Timbuktu zwischen den Strömen Niger und Senegal. Danach folgten zahlreiche andere, wie z.B. das legendäre Großreich Mali im Land der Malinke, das zu einem der berühmtesten mittelalterlichen Staatswesen in der westlichen Sudanzone wurde. Wichtige kulturelle Zentren und Umschlagplätze des Transsaharahandels waren Timbuktu und Djenné.

Mit dem Eintreffen der Europäer im 15. Jahrhundert begann eine Entwicklung, die zur verhängnisvollen und grausamen Ausbeutung eines ganzen Kontinentes führte. Portugiesen, Spanier, Holländer, Dänen, Engländer, Franzosen u.a. errichteten entlang der Küste Handelsstützpunkte, von wo aus der Sklavenhandel nach Amerika organisiert wurde. Wieviele Menschen ihre Heimat als Sklaven verlassen mussten, weiß niemand genau. Man nimmt an, dass rund 30 Millionen Sklaven lebend in Amerika eintrafen und eine weitaus größere Anzahl von Menschen während der Transporte ums Leben kam.

Das Zeitalter des eigentlichen europäischen Kolonialismus in Westafrika ist vergleichsweise kurz. Der Streit um militärische Kontrolle und ökonomische Einflussgebiete der europäischen Mächte gipfelte in der Berliner Kolonialkonferenz (1884), wo die Kolonialmächte Afrika unter sich aufteilten. Sahel-Sudan, Elfenbeinküste, Guinea und Dahomey wurden zu Französisch-Westafrika. Nigeria, Goldküste und Sierra Leone zu Britisch-Westafrika. Togo und Kamerun fielen an die Deutschen und wurden nach dem Ersten Weltkrieg dann französisch bzw. britisch. Die heutigen politischen Grenzen der westafrikanischen Staaten weichen nur geringfügig von den damals geschaffenen Grenzen ab.

Die koloniale Epoche hat Westafrika entscheidend verändert. Mit ihrer Kolonialpolitik griffen die Europäer zum Teil sehr tief in das traditionelle Leben der Menschen ein, verschärften die Widersprüche zwischen den Kulturen und zerstörten Wertesysteme und gesellschaftliche Gefüge. Für Frankreich boten die Kolonien zudem ein Reservoir an Soldaten. In beiden

Weltkriegen stellten die »Senegalesen«, wie die schwarzen Soldaten genannt wurden, einen beträchtlichen Teil der französischen Streitkräfte. Hunderttausende von Afrikanern kämpften auf den Kriegsschauplätzen Europas und Nordafrikas, nur ein Bruchteil davon überlebte und konnte nach Kriegsende mit einer kleinen Pension in die Heimat zurückkehren.

Nach dem Zweiten Weltkrieg entwickelte sich in den Kolonien ein verstärktes Unabhängigkeitsbedürfnis. Schriftsteller wie Leopold Sédar Senghor und David Diop (»negritude«) waren für die Entstehung eines neuen afrikanischen Selbstbewusstseins von großer Bedeutung. Die Kolonie Goldküste erlangte 1957 als erste ihre Unabhängigkeit und wurde in Erinnerung an das alte sudanesische Reich in Ghana umgetauft. Guinea ernannte sich im Jahre 1958 zur unabhängigen Republik. Danach folgten bis 1960 die anderen westafrikanischen Kolonien.

Als ökonomischer Zusammenschluss der westafrikanischen Länder existiert heute die Communauté economique des Etats de l'Afrique de l'Ouest (CEDAO). Die frankophonen Länder bilden zudem die Westafrikanische Währungsunion mit dem fest an den französischen Franc gekoppelte CFA-Franc (1FF = 100 CFA).

## Stadt-Land-Gefälle

Bezeichnend für weite Teile Westafrikas ist ein sehr großes wirtschaftliches Stadt-Land-Gefälle. Die großen Städte, Wirtschaftszentren und Besiedlungsschwerpunkte unterscheiden sich stark von den ländlichen Gebieten. In den Großstädten herrscht ein modernes, westlich orientiertes urbanes Leben zwischen Hochhäusern, klimatisierten Büros, chaotischem Straßenverkehr, Supermärkten, Internet- und Handyfieber. Auf dem Land, in den Dörfern, scheint die Zeit dagegen stehengeblieben zu sein und das traditionelle Leben – zumindest auf den ersten Blick – noch wie vor ewigen Zeiten weiterzugehen. Wer nur die großen Städte besucht, lernt lediglich einen sehr kleinen Ausschnitt der westafrikanischen Realität kennen. Moderne und Tradition existieren gleichzeitig und auf engstem Raum nebeneinander. Entwicklungen, die sich in Europa im Laufe von Jahrzehnten und Jahrhunderten abgespielt haben, laufen hier zeitgleich und in rasanter Geschwindigkeit ab. Diese »Gleichzeitigkeit des Ungleichzeitigen« ist ein Phänomen, das die westafrikanische Realität entscheidend prägt.

# Burkina Faso

*Was nützt es dem traurigen Perlhuhn, dass es schöner ist als ein Geier.*

*Burkinisches Sprichwort*

Burkina Faso, die ehemalige französische Kolonie Haute-Volta (Obervolta), bekam seinen neuen Namen 1984 im Zuge der sozialistischen Revolution. Burkina Faso wird offiziell mit »Vaterland der Würde« oder »Land der aufrechten Menschen« (im Sinne von stolz, unbestechlich, integer) übersetzt. Die Eigenbezeichnung der Einwohner Burkina Fasos ist ›Burkinabé‹. Bei der Namensgebung wurden die drei wichtigsten Landessprachen (Moore, Dioula, Fulfulbe) berücksichtigt, um die Einheit des Volkes und die Suche nach einem neuen, eigenständigen Weg zu betonen.

## Geographische Lage

Die Republik Burkina Faso liegt südlich des großen Nigerbogens und ist ein Binnenland ohne Zugang zum Ozean. Das etwa 274 000 km² große Staatsgebiet grenzt im Norden an Mali und Niger, im Süden an Côte d'Ivoire, Ghana, Togo und Benin. Hauptstadt ist Ouagadougou mit über einer Million Einwohner (1996: ca. 800 000 Einwohner). Zweitgrößte Stadt ist Bobo Dioulasso, ein altes und sehr lebendiges Handelszentrum.

## Klima und Naturraum

Der Norden des Landes gehört zur Sahelzone, der Süden zur Sudanzone. Fährt man im Auto durch Burkina Faso, so durchquert man endlos weite, monotone Ebenen, die mit mehr oder weniger dichten Baum- und Strauchsavannen überzogen sind. Am feuchtesten ist es im Südwesten mit einer dichten, fast waldartigen Vegetation. Da die Niederschlagsmengen nach Norden hin immer weniger werden, wird auch die Landschaft zunehmend karger und trockener bis hin zu Dornsavannen, fast baumlosen Steppen und ersten Sanddünen. In der Trockenzeit wirkt das ganze Land ausgedörrt, kahl und nackt. Dieses Bild ändert sich in der Regenzeit schlagartig, denn nach den ersten Niederschlägen entwickelt sich ein üppige sattgrüne Vegetation.

## Bevölkerung

Die Gesamteinwohnerzahl wurde nach der letzten Volkszählung (1996) mit 10 496 747 angegeben. Mit 38 Einwohnern/km² (1996) ist Burkina Faso eines der am dichtesten besiedelten Länder Westafrikas, verglichen mit Deutschland aber immer noch sehr dünn besiedelt. Es herrschen große regionale Unterschiede in der Bevölkerungsverteilung. So sind das Zentralplateau rund um Ouagadougou sehr dicht (332 Einwohner/km²), die Randbereiche aber extrem dünn besiedelt (< 30 Einwohner/km²). Das Bevölkerungswachstum lag zwischen 1975 und 1991 bei 2,64%. Die Bevölkerung hat sich in dieser Zeit verdoppelt. Die Altersverteilung in der Bevölkerung gleicht einer klassischen Bevölkerungspyramide. Mehr als die Hälfte aller Einwohner ist unter 21 Jahre alt und nur 4% erreichen das 65. Lebensjahr. Die durchschnittliche Lebenserwartung beträgt 45 Jahre. Nur 14% der Bevölkerung lebt in den Städten, 86% auf dem Land.[1]

In Burkina Faso gibt es ungefähr 60 verschiedene Ethnien: Mossi (48,6%), Fulbe (7,8%), Gourmantche (7%), Bobo (6,8%), Bisa und Samo (6,5%), Gurunsi (6%), Dagari und Lobi (4,3%), Bwa (3%), Senufo, Marka und Dioula (2,2%) und andere (7,8%). Dementsprechend werden auch sehr viele verschiedene Sprachen gesprochen. Am weitesten verbreitet ist im Norden das Fulfulde, im Westen das Dioula und in den zentralen Landesteilen das Moore. Amts-, Landes- und Unterrichtssprache ist nach wie vor Französisch. Dies wurde auch nach der Unabhängigkeit beibehalten, da es keine landesübergreifende nationale Sprache gibt.

Die Religionszugehörigkeiten teilen sich wie folgt auf: Islam ca. 50%, Christentum ca. 20%, traditionelle afrikanische Religionen ca. 30%. Der Norden ist überwiegend moslemisch (über 90% Moslems), im Zentrum des Landes, in und rund um Ouagadougou, überwiegen eher die Christen.

## Infrastruktur

Ouagadougou ist im Vergleich zu den großen Hauptstädten der Küstenländer, wie Abidjan und Lomé, eine eher provinzielle und gemütliche Hauptstadt mit ganz eigenem Charme. Bis vor wenigen Jahren war sie noch ein »großes Dorf«, hat sich aber inzwischen mehr und mehr zu einer modernen Metropole entwickelt. Doch noch immer ist es die »Hauptstadt der Zweiräder«, da Mofas die Hauptverkehrsmittel darstellen.

Da Burkina Faso ein Binnenland ist und keinen direkten Zugang zum Meer hat, wird fast der gesamte Im- und Export über die Häfen von Téma

---

[1] Zahlenquelle: Pigeonnière, A. & Jomni, S.: *Atlas du Burkina Faso*. Les Atlas Jeune Afrique. Les Editions J.A., 3e édition, Paris 1998.

(Ghana), Lomé (Togo), Cotonou (Benin) und Abidjan (Côte d'Ivoire) abgewickelt. Die Entfernung zum Meer beträgt ca. 500 km. Die Transportverbindungen in die Küstenländer haben also eine fundamentale Bedeutung für die Versorgung und wirtschaftliche Anbindung des Landes und auch als Transitstrecke für die angrenzenden Länder Mali und Niger. Der Güterverkehr wird hauptsächlich per Lastwagen abgewickelt, nur zwischen Ouagadougou und Abidjan gibt es eine Eisenbahnverbindung. Die Hauptverbindungsstraßen quer durch das Land in Ost-West- und Nord-Süd-Richtung sind asphaltiert. Ansonsten besteht das Straßennetz aus mehr oder weniger gut ausgebauten Pisten. Hauptverkehrsmittel sind Busse und Buschtaxis, mit denen man fast überall hinkommt.

Die Wasserversorgung ist eines der größten Probleme des Landes. In den Dörfern wird das Trinkwasser aus Brunnen geholt. Die Frauen müssen dazu oft lange Wege zurücklegen, da die flächenmäßige Versorgung mit Brunnen noch sehr spärlich ist. Nur in den großen Städten gibt es eine öffentliche Wasserversorgung.

Die Hauptenergiequelle zum Kochen ist nach wie vor das Brennholz. Selbst in den Städten verwenden nur sehr wenige Haushalte die wesentlich teureren Gaskocher. Der hohe, ständig wachsende Brennholzbedarf ist einer der Hauptgründe für den enormen Gehölzrückgang, besonders rund um die großen Städte. Strom gibt es in Ouagadougou und Bobo Dioulasso sowie in den 33 größten Provinzhauptstädten.

Die Versorgung mit Ärzten und Krankenhäusern ist – besonders in den ländlichen Regionen – mangelhaft. Die Kindersterblichkeit ist nach wie vor sehr hoch; an erster Stelle der Todesursachen bei Kindern bis zu fünf Jahren steht die Malaria! Heute ist auch AIDS ein großes Problem geworden. Die traditionelle Medizin spielt im ganzen Land noch eine sehr große Rolle.

## Bildung

Das Schulsystem ist nach französischem Vorbild aufgebaut. Trotz aller staatlichen Bemühungen ist die Einschulungsquote mit 37,7% (1995/96) immer noch sehr niedrig. Vor zehn Jahren lag sie allerdings nur bei 23,9%. In den großen Städten werden zwischen 50% und 80% der Kinder eingeschult, in abgelegenen ländlichen Regionen, z.B. im äußersten Norden und Südosten, nur rund 16%. Die Einschulungsrate der Jungen (45%) ist immer noch höher als die der Mädchen (30%), wobei auch hier ein großer Unterschied zwischen den großen Städten und dem Rest des Landes besteht. Der Schulbesuch ist kostenpflichtig und es herrscht keine Lehrmittelfreiheit. Der Unterricht findet unter sehr schwierigen Bedingungen statt. Besonders auf dem Land gibt es nicht genügend Schulen, und die Kinder müssen oft sehr weite Schulwege zu Fuß zurücklegen. In den Grundschulen sind Klassen von 80-100 Schülern keine Seltenheit. Von 1000 Schulanfängern haben 1995 nur 383 die sechs Jahre Grundschule abgeschlossen.

## Kunst und Kultur

Es gibt in Burkina Faso zwei herausragende kulturelle Ereignisse, die von gesamtafrikanischer Bedeutung sind. Zum einen das afrikanische Filmfestival *Festival panafricaine du cinéma de Ouagadougou* (FESPACO), das alle zwei Jahre im Februar in Ouagadougou stattfindet und für Filmbegeisterte weit über die Grenzen Afrikas hinaus schon lange kein Geheimtip mehr ist. Des weiteren findet alle zwei Jahre im Oktober oder November eine Kunsthandwerksmesse *Salon international de l'artisanat de Ouagadougou* (SIAO) statt, auf der Kunst und Kunsthandwerk aus ganz Afrika ausgestellt und verkauft wird.

*Trommler bei einem Dorffest (Foto: Ulrike Kéré)*

119

## Wirtschaft und Entwicklung

Burkina Faso gehört zu den ärmsten Ländern der Welt (»*least developed countries*«). Es gibt wenige natürliche Ressourcen und die langsame wirtschaftliche Entwicklung hinkt dem schnellen demographischen Wachstum hinterher. Die Abwanderung von Arbeitskräften, vor allem nach Côte d'Ivoire, ist sehr hoch. Hauptexportprodukte sind Baumwolle, Gold und tierische Erzeugnisse (Vieh, Fleisch, Felle und Leder).

Der größte Teil der Bevölkerung lebt von der Landwirtschaft (ca. 90%). Es wird vor allem für den eigenen Bedarf angebaut (Subsistenzwirtschaft). Hauptanbauprodukte sind Rispen- und Kolbenhirse, Mais und Erdnüsse, außerdem Reis, Augenbohnen, Erderbsen, Igname, Pataten, Sesam, Gemüse etc. Für den Export werden im Südwesten des Landes Baumwolle und Zuckerrohr in größerem Umfang angebaut. Landwirtschaftliche Exportprodukte sind außerdem Erdnüsse, Schibutter, Mangos und Grüne Bohnen (insgesamt 73,4% der gesamten Exporteinnahmen). Zweitgrößter Exportzweig (14%) sind lebende Tiere und Fleisch sowie tierische Erzeugnisse (Felle und Leder). Der Industriesektor ist erst im Entstehen begriffen (Lebensmittelindustrie, Textilindustrie, Lederverarbeitung, wenig technische und chemische Industrie).

## Geschichte und Politik

Die Mossi, ein Kriegervolk, sind etwa im 11. Jahrhundert von Osten her in ihr heutiges Territorium am Oberlauf des Volta eingedrungen. Es kam zur Gründung mehrerer Staaten (Wagadugu, Wahiguya, Tenkodogo), die sich bis in die französische Kolonialzeit erhalten haben. In vielen Bereichen existieren die traditionellen Autoritätsstrukturen bis heute neben der modernen Verwaltung. Der Hof des mächtigsten der Mossi-Könige (Mogho-Naba) befindet sich in Ouagadougou.

Burkina Faso war von 1896 bis 1960 französische Kolonie und ist seit dem 5. August 1960 unabhängig. Es folgten diverse Militär- und Zivilregierungen, bis im August 1983 Thomas Sankara durch einen Militärputsch an die Macht kam. Das bisherige ›Haute-Volta‹ wurde in ›Burkina Faso‹ umbenannt. Ziel der links-sozialistischen Militärregierung unter Thomas Sankara waren die Umgestaltung der alten überkommenen Machtstrukturen und ein Abnabeln von der ökonomischen und politischen Einflussnahme Frankreichs. Der Korruption wurde der Kampf angesagt. Die Landwirtschaft wurde in besonderem Maße gefördert, um eine weitestgehende Selbstversorgung mit Nahrungsmitteln zu erreichen (»*Consommer burkinabé«*). Auch der Kampf gegen die Desertifikation bekam einen besonderer Stellenwert (*»Pour un Burkina vert«*). Sankara war der Ansicht, dass Entwicklung nur aus eigener Kraft und mit Anstrengung des ganzen Volkes zu erzielen sei, nicht mit ausländischen Spenden und Hilfsgütern. In verschiedenen Kampagnen ließ er beispielsweise durch freiwillige Arbeit der Dorfbevölkerung kleine Krankenstationen und Schulen errichten.

*Foto: Ulrike Kéré*

Der charismatische Politiker Thomas Sankara hat sich mit seinen Vorstellungen eines eigenen afrikanischen Entwicklungsweges sowohl gegen die herrschenden Machtstrukturen als auch gegen den französischen Neokolonialismus gestellt und sich damit viele Feinde im In- und Ausland gemacht. Am 15.10.1987 wurde er bei einem blutigen Machtwechsel getötet. An die Spitze der Putschisten setzte sich der bisherige stellvertretende Staatschef und Revolutionskamerad Blaise Compaoré, der bis heute an der Macht ist. Mit seinen revolutionären Visionen hat Thomas Sankara vor allem die jungen Menschen begeistert und auf dem ganzen afrikanischen Subkontinent eine politische Aufbruchsstimmung verbreitet. Er ist zur Symbolfigur für ein selbstbewusstes, vom Westen unabhängiges und korruptionsfreies Afrika geworden.

Blaise Compaoré, der die Geschicke des Landes seit 1987 leitet und den revolutionären Kurs zugunsten einer westlich orientierten Politik aufgegeben hat, gerät in jüngster Zeit immer mehr ins Kreuzfeuer der innenpolitischen Kritik. Korruption und politische Willkür stehen auf der Tagesordnung. Seit im Dezember 1998 der kritische Journalist Norbert Zongo von staatlichen Terrorgruppen ermordet wurde, hat sich die Lage zugespitzt. Demonstrationen, Streiks und eine Dauerkrise an der Universität gehören inzwischen zur Normalität. Solange die politisch Verantwortlichen nicht wirklich zur Rechenschaft gezogen werden, wird sich die Lage nicht entspannen.

## Wichtige Adressen

Ambassade de l'Allemagne in Burkina Faso
B.P. 600
Ouagadougou 01
Tel. 00226-30 67 31 (32)
Fax 00226-31 39 91

Deutsch-Burkinische Freundschaftsgesellschaft
Weinbergstr. 10
29474 Ebstorf
E-mail: UllrichSchubert@Compuserve.com
Internet: www.home.knuut.de/DBFG

Simone Néné

# Côte d'Ivoire

## Geographische Lage

Die Republik Côte d'Ivoire liegt an der Westküste Afrikas. Das Land grenzt im Osten an Ghana, im Westen an Liberia und Guinea, im Norden an Mali und Burkina Faso. Im Süden bildet die Atlantikküste eine natürliche Grenze. Das Staatsgebiet umfasst 322 463 km² mit einer Küstenlänge von ca. 550 km. Die Landeshauptstadt ist seit 1983 Yamoussoukro, Heimatdorf des ersten Präsidenten der Côte d'Ivoire, Félix Houphouët-Boigny, der sie zu der heutigen Stadt ausbauen ließ. Die Wirtschaftshauptstadt ist Abidjan mit einer Einwohnerzahl von ca. drei Millionen. Die Nationalflagge zeigt senkrechte Streifen in den Farben Orange, Weiß und Grün, die für Savanne, Frieden und Wald stehen.

## Klima und Naturraum

Das Klima in Côte d'Ivoire gliedert sich in zwei Bereiche. Der Süden gehört zur Guineazone, der Norden des Landes wird zur Sudanzone gerechnet. Entlang der Atlantikküste im Süden der Côte d'Ivoire gibt es lange Palmstrände, weite Lagunen und Mangrovensümpfe. Die Küstenebene wird bis zu 100 km ins Landesinnere von einem tropischen Regenwald bedeckt. Zwischen dichter Vegetation mit Baumriesen breiten sich große Plantagengebiete aus (Bananen, Ananas, Kaffee, Kakao etc.). Nach Norden hin geht die Landschaft in eine zentrale Hochebene mit Baum- und Strauchsavannen über. Insgesamt ist das Land relativ flach und weist nur im Westen ein bewaldetes Bergland mit Erhebungen bis zu 1 200 m auf. Diese landschaftlich sehr reizvolle Region wird von zahlreichen Flussläufen mit Wasserfällen und Lianenbrücken durchzogen. In Côte d'Ivoire gibt es insgesamt acht Nationalparks, wovon der Comoé-Nationalpark der wichtigste des Landes ist.

## Infrastruktur

Côte d'Ivoire ist ein wichtiges Transitland. Das Verkehrswesen zählt zu den besten und modernsten Westafrikas. Insgesamt gibt es ca. 60 000 km Straßen, von denen ca. 6 000 km asphaltiert sind. Die gut ausgebauten Hauptrouten führen von Abidjan aus nach Norden und Westen, zwischen der Hafenstadt und der Hauptstadt Yamoussoukro sogar als mehrspurige Autobahn. Mit großen Überlandbussen oder Buschtaxis kommt man von Abidjan in alle Städte und größeren Ortschaften des Landes. Die einzige Eisenbahnlinie in Côte d'Ivoire gehört zu den wichtigsten Verkehrsverbindungen Westafrikas und führt von Abidjan bis nach Burkina Faso.

Die medizinischen Einrichtungen in Côte d'Ivoire sind zwar noch immer unzureichend, jedoch wesentlich besser als in vielen anderen afrikanischen Ländern. In jeder Stadt oder größeren Ortschaft befinden sich ein Krankenhaus und gut ausgerüstete Apotheken. Auch Strom gibt es bis auf kleinste, abgelegene Dörfer fast überall. Vor der Küste der Côte d'Ivoire wurde in den siebziger Jahren Petroleum und Erdgas entdeckt, das von ausländischen Firmen (Total, Agip, etc.) ausgebeutet wurde. 1993/94 wurde ein Programm der Regierung umgesetzt, um mit dem Erdgas Strom in Turbinen zu gewinnen. Nachdem lange Zeit aus Ghana Strom importiert werden musste, wurde 1995 erstmals Strom in dieses Land (fast 300 kWh) sowie nach Togo und Benin exportiert. Durch die Nutzung von Gas konnten die Stromtarife um 10% gesenkt werden. Auch der Gebrauch von Kohle und Brennholz wurde effektiv eingeschränkt.

## Bevölkerung

Die Gesamteinwohnerzahl von Côte d'Ivoire liegt bei ca. 15 446 000 mit einer jährlichen Wachstumsrate von 4%. Der Großraum Abidjan ist mit ca. 340 Einwohnern/km² am dichtesten besiedelt. Im Süden, Westen und in der Zentralregion liegt die Bevölkerungsdichte bei 40 Einwohnern/km², der Nordosten ist mit weniger als fünf Einwohnern/km² am dünnsten besiedelt. Etwa ein Drittel der Bevölkerung lebt in den Städten.

In Côte d'Ivoire gibt es über 60 verschiedene ethnische Volksgruppen und entsprechend viele Sprachen. Neben der Amtssprache Französisch wird von großen Teilen der Bevölkerung Dioula, eine auch in den Nachbarländern verbreitete Handelssprache, gesprochen. Der Migrantenanteil macht etwa 30% der Bevölkerung aus. Es leben etwa fünf Millionen immigrierte Afrikaner im Land, vor allem Wirtschaftsmigranten aus den Nachbarländern Burkina Faso (2 Mio.), Ghana und Mali. Damit ist Côte d'Ivoire das wichtigste Einwanderungsland Westafrikas.

Es gibt keine Staatsreligion. Man kann die Religionszugehörigkeit meist an der Volkszugehörigkeit ablesen. So sind die Mehrheit unter den Dioula beispielsweise Moslems. Es gibt etwa 39% Moslime und ca. 28% überwiegend katholische Christen. Daneben sind etwa 33% der Bevölkerung Anhänger von traditionellen afrikanischen Religionen. Der Norden des Landes ist vor allem moslemisch geprägt, der Süden christlich.

## Bildung

Das staatliche Bildungssystem entspricht dem französischem System mit hohem Standard. Der Schulbesuch ist unentgeltlich. Die Grundschule umfasst sechs Jahrgangsstufen. Nach erfolgreichem Abschluss des *Collège* (Sekundarstufe) kann das *Lycée* (Gymnasium) besucht werden. Der Besuch der Grundschule ist ab dem fünften Lebensjahr Pflicht. Allerdings werden nur ca. 65% der Kinder eingeschult. Vor allem in ländlichen Gebieten ist die Rate sehr gering, was den hohen Analphabetismus erklärt. In urbanen Gegenden liegt die Analphabetenrate bei 57,6%, auf dem Land bei 70,6%. Mädchen werden auf dem Land auch heute noch seltener eingeschult als Jungen und durchlaufen oft nur die Grundschule.

## Wirtschaft und Entwicklung

Die Landwirtschaft ist die Grundlage der ivorischen Volkswirtschaft. 1991 waren 60% der Bevölkerung in der Landwirtschaft tätig. In den ersten beiden Jahrzehnten nach der Unabhängigkeit wurde durch den Anbau von Exportprodukten wie Kaffee und Kakao ein für afrikanische Verhältnisse großer Wohlstand erwirtschaftet. Der Verfall der Rohstoffpreise seit Mitte der achtziger Jahre hat in Côte d'Ivoire eine anhaltende Rezession ausgelöst.

Das Land lässt sich in vier Anbauzonen einteilen, die sich entsprechend der klimatischen und vegetativen Bedingungen ergeben: In der Küstenregion gedeihen Gummibaumplantagen und Kokospalmen; die Zone mit tropischem Regenwald eignet sich besonders für den Anbau von Ölpalmen, Bananen, Kaffee, Maniok, Papayas und anderen Früchten. In der Savannenregion werden vor allem Baumwolle, Erdnüsse und Hirse angebaut.

Der Anteil der Exporterlöse aus der Landwirtschaft liegt bei 70%. Côte d'Ivoire ist der weltweit größte Kakaoproduzent, bei Kaffee und Palmöl nimmt das Land den dritten Platz in der Weltrangliste ein. Die Fleischproduktion deckt nur etwa 55% des Landesbedarfs, weswegen Fleisch überwiegend aus Burkina Faso eingeführt wird.

Der am meisten Gewinn bringende Wirtschaftssektor ist das verarbeitende Gewerbe, das sich vorwiegend auf die Herstellung bzw. Verarbeitung von Nahrungsmitteln konzentriert. So werden 15% der Kakaoproduktion im Land verarbeitet (Nestlé, Bary, SIFCA et TARDIVAT etc.).

Von der Kaffeeproduktion werden nur 9% in Côte d'Ivoire weiterverarbeitet (Nestlé). Insgesamt werden 20 000 Tonnen Kaffee pro Jahr produziert und in 65 verschiedene Länder exportiert. Weitere wichtige industriell verarbeitete Landwirtschaftsprodukte sind Öl, Seifen und Waschmittel, Nahrungsmittel und Textilien. Die ivorische Textilindustrie verarbeitet etwa ein Drittel der Baumwollproduktion, das sind 20 000 Tonnen jährlich.

*Auf dem Weg zum Markt (Foto: Ulrike Kéré)*

## Geschichte und Politik

Das Savannengebiet im Norden wurde früher vom Mali-Reich beeinflusst. Nach dessen Zerfall bildeten sich eigenständige Herrschaftsgebiete. Die ersten Europäer, welche die Westküste Afrikas bereisten, hatten an der scheinbar undurchdringlichen Küste zunächst kein Interesse. In Jacqueville, Grand Lahou und Sassandra wurden Handelskontore für den Sklavenhandel errichtet, der größte Teil dieser traurigen Geschichte spielte sich aber weiter östlich an der Goldküste ab. 1830 begannen die Franzosen mit der Erforschung des Hinterlandes und 1842 wurde in Grand Bassam eine Handelsniederlassung gegründet. Bis zum Ende des 19. Jahrhunderts schloss Frankreich mit fast allen Völkern Bündnisverträge. 1895 wurde Côte d'Ivoire Teil von Französisch-Westafrika.

In der zweiten Hälfte des 19. Jahrhunderts entwickelte sich ein Teil der traditionellen Führungsschicht durch Grunderwerb und Plantagenbewirtschaftung zu einem ländlichen Bürgertum und gründete schließlich eine antikoloniale Bewegung. Anführer dieser Gruppe war Félix Houphouët-Boigny. 1958 wurde Côte d'Ivoire autonome Republik und erreichte am 7. August 1960 unter Félix Houphouët-Boigny die endgültige Unabhängigkeit. Die politische Lage blieb unter Houphouët-Boigny stabil. Das ganze Volk liebte diesen Präsidenten, weil er ihm zur Unabhängigkeit verholfen hatte. Sein politischer Kurs war stark westlich orientiert. Houphouët-Boigny starb am 7. Dezember 1993 im Amt des Präsidenten, nachdem er sechsmal wiedergewählt worden war. Sein Nachfolger, der Rechtsanwalt Henri Konan Bedié, konnte nie die Popularität seines Vorgängers gewinnen. Der politische Unmut des Volkes verstärkte sich während seiner Regierungszeit bis Dezember 1999 drastisch.

Im Dezember 1999 kam es zu einem nahezu unblutigen Putsch, in dessen Verlauf der Brigadegeneral Robert Guéï offiziell zum Präsidenten der Republik Côte d'Ivoire und zugleich Verteidigungsminister wurde. Im Januar 2000 bildete er eine Übergangsregierung und versprach, die schon vor dem Putsch angesetzten Wahlen im Oktober desselben Jahres durchzuführen. Im Juli 2000 änderte Guéï das Wahlrecht in einer Volksabstimmung, nach dem nur noch Präsident werden kann, wessen Vater *und* Mutter Ivorer sind. Durch dieses Wahlrecht wurde der führende Oppositionspolitiker A. D. Ouattara (RDR) nicht zur Wahl zugelassen. Tatsächlich wurden zur Wahl am 22. Oktober 2000 vom Obersten Gerichtshof nur vier Kandidaten zugelassen. Am Ende der Wahl erklärten sich sowohl General Guéï als auch Laurent Gbagbo zu Siegern. Daraufhin kam es am 24./25. Oktober 2000 zu einem Volksaufstand, der sich vor allem auf den Straßen Abidjans abspielte und mehrere Todesopfer forderte. Schließlich unterstützten die Streitkräfte den Sozialisten Gbagbo, der am 27. Oktober seine Regierung der »nationalen Einheit« bildete. Die Opposition unter Ouattara weigert sich weiterhin, die Regierung von Gbagbo anzuerkennen und fordert Neuwahlen, was Ende November/Anfang Dezember 2000 wieder Unruhen in Abidjan auslöste. Die politische Situation ist weiterhin instabil.

## Wichtige Adressen

Deutsche Botschaft in Côte d'Ivoire
39, Blvd. Hassan II (Blvd. de la Corniche), Abidjan-Cocody
Postanschrift: 01 B.P. 1900, Abidjan 01
Tel. 00225 22 44 20 30, Fax 00225 22 44 20 41
E-mail: d.bo.abj.@africaonline.co.ci

Botschaft der Republik Österreich
Immeuble N'Zarama, Bd. Languaire,
B. P. 1837, Abidjan 01
Tel. 21 25 00 und 21 26 51, Fax 22 19 23

Botschaft der Schweiz
Immeuble Alpha 2000, Rue Gourgaes,
B. P. 1914, Abidjan 01
Tel. 21 17 21

Centre Culturel Allemand (Goethe-Institut)
Abidjan Cocody
B. P. 982,
Tel. 44 14 22
Av. Jean Mermoz prolongée.

*Vereinigung von in Côte d'Ivoire lebenden deutsch-afrikanischen Paaren:*
La Pirogue
s/c Ambassade de d'Allemagne
01 B.P. 1900
Abidjan 01

www.abidjan.net: aktuelle Informationen über das Land in französischer Sprache

Karin Sallah

# Gambia

## Geographische Lage

Die Republik Gambia liegt an der Westküste Afrikas als Enklave innerhalb des Staatsgebietes von Senegal. Mit einer Größe von 11 295 km² ist
es der kleinste Staat in Westafrika. Er erstreckt sich als schmales Band
von der Atlantikküste zu beiden Seiten des Gambiaflusses nach Osten. Die
durchschnittliche Breite beträgt nur 35 km. Hauptstadt ist Banjul mit ca.
270 450 Einwohnern, zweitgrößte Stadt ist Serekunda.

## Klima und Naturraum

Gambia gehört zur Sudanzone. Die Regenzeit dauert von Juni bis Oktober.
Die regenreichsten Monate sind August und Oktober. Der Küstenbereich
ist mit Mangrovenwäldern bewachsen, im Landesinnern dominieren Savannen. Die höchste Erhebung liegt nur 53 m ü. NN. Der Gambia-Fluss
entspringt einem Hochplateau in Guinea. Hauptanbaugebiete sind die
Schwemmlandböden in der Flussniederung. Der größte Nationalpark ist
das Abuko Nature Reserve an der Straße nach Brikama.

## Bevölkerung

Die Bevölkerungszahl liegt nach der Schätzung von 1999 bei 1,336 Mil-
lionen Einwohnern. Es gibt verschiedene ethnische Gruppen, die größten
sind Mandinka (40%), Fulbe (18%) und Wolof (15%). Außerdem leben in
Gambia viele Libanesen, Senegalesen und Mauretanier. Amtssprache ist
Englisch. Wolof, Mandinka und Französisch sind Verkehrssprachen. Die
Religionszugehörigkeit teilt sich auf in 95% Muslime und 4% Christen.

## Infrastruktur

Der Gambia-Fluss ist die wichtigste Verkehrsader für den Frachtverkehr.
Eine Eisenbahn gibt es nicht. 1996 umfasste das Straßensystem 2 700 km,
davon 955 km Asphaltstrecken. Hauptüberseehafen ist der in Modernisie-
rung befindliche Hafen von Banjul. Der *Gambia River* kann von größeren
Schiffen auf 200 km, von Kleinschiffen und Booten auf 400 km Länge be-
fahren werden. 1999 wurde zwischen Banjul und Dakar (Senegal) ein

planmäßiger Fährbetrieb aufgenommen. Der erweiterte und modernisierte internationale Flughafen Banjul-Yundum (27 km von der Hauptstadt entfernt) ist Ausgangs- und Endpunkt von Flugverbindungen mit dem Ausland.

Gesundheitswesen und medizinische Versorgung stehen auf niedrigem Niveau. Am besten ist die Lage im Großraum Banjul, deutlich schlechter im Hinterland. Mit ausländischer Unterstützung wurde die Telekommunikation in den 90er Jahren modernisiert und ausgebaut. Hauptbetreiber ist Gambia Telecommunications (Gamtel). 1998 gab es ca. 24 833 Telefonanschlüsse, 4 734 Mobiltelefone und 150 Internet-Anschlüsse.

## Bildung und Medien

Das an der Ex-Kolonialmacht Großbritannien orientierte Schulsystem sieht zwar keinen Pflichtbesuch vor, bietet aber für Kinder ab sieben Jahren gebührenfrei eine sechsjährige Grundschule sowie anschließend eine siebenjährige zweistufige Sekundarschule an. Die Analphabetenrate nahm zwischen 1990 und 1995 von 73% auf 61% ab (bei Frauen von 84% auf 75%).

Die staatliche Gesellschaft *Gambia Radio and Televison Services* strahlt unter dem Namen *Radio Gambia* Hörfunkprogramme in Englisch, Französisch und mehreren afrikanischen Sprachen aus. Im Jahr 1996 wurde zudem der TV-Betrieb aufgenommen. Außerdem ist der Empfang internationaler Satellitenprogramme und senegalesischer Sender möglich.

## Kunst und Kultur

Die gambische Kultur ist reich an Kunsthandwerk und eindrucksvollen, traditionellen Tänzen. Gambia verfügt über ein gut bestücktes Nationalmuseum in Banjul. Etwa 36 km entfernt von Banjul kommt man in das für seine Holzschnitzereien bekannte Brikama. Auch für Liebhaber der Kora- und Balaphon-Musik ist Brikama eine Reise wert. Überhaupt spielen Musik und Tanz eine vorherrschende Rolle im ganzen Land.

## Geschichte

Als erste Europäer erreichten die Teilnehmer einer portugiesischen Expedition unter Prinz Heinrich dem Seefahrer im Jahre 1455 die Gambia-Flussmündung. Der britische Einfluss begann 1588 während der Regierungszeit von Königin Elisabeth I. In den folgenden 200 Jahren kämpften im gambischen Gebiet britische, holländische, portugiesische und französische Kaufleute um den einträglichen Handel mit Elfenbein, Tierfellen und nicht zuletzt mit Sklaven. Von 1765 bis 1783 war das heutige Gambia ein Teil Senegambias. 1816 schloss Captain Grant einen Vertrag mit dem Häuptling von Kombo über die Abtretung der abgetrennten Sandbank, welche er St. Marys Island nannte und auf der er eine Siedlung gründete, die ihren Namen nach dem damaligen Kolonialminister »Bathurst« erhielt. Die Unabhängigkeit erhielt Gambia im Oktober 1963 und am 18. Februar 1965 wurde es unter Ministerpräsident Jawara Mitglied des Britischen Commonwealth. Staatsform ist die präsidale Republik.

## Wirtschaft und Entwicklung

Gambia, zugehörig zur Gruppe der »*Least Developed Countries*« (LLDC), hat als ehemalige britische Kolonie eine stark weltmarktabhängige, agrarische Wirtschaftsstruktur mit extrem schwacher produktiver Basis. 1997 band der Agrarsektor 81% der Erwerbsbevölkerung und trug 23% zum BIP bei. Die Landwirtschaft ist fast ausschließlich kleinbäuerlich organisiert. 18% der Landesfläche können als Ackerland, 19% als Weideland genutzt werden. Auf ca. 45% der Anbaufläche wird der Devisenbringer Erdnuss kultiviert; weitere wichtige Erzeugnisse sind Hirse, Reis, Mais und Baumwolle. Fisch aus den ressourcenreichen Küstengewässern (200 Meilenzone) und Flussläufen bildet nicht nur eine wichtige Nahrungsquelle, sondern hat sich darüber hinaus zu einem bedeutenden Grundstoff der Verarbeitungsbranche und zu einem wichtigen Exportgut entwickelt. Sand, Kies und Erdöl sind die einzigen nachgewiesenen Bodenschätze; einen Bergbausektor gibt es in der volkswirtschaftlichen Gesamtrechnung bisher nicht. Entwaldung, Bodenerosion und Dürre bilden die wichtigsten ökologischen Herausforderungen.

Mit Deviseneinnahmen aus dem Fremdenverkehr in Höhe von 22 Mio. US-Dollar erzielte Gambia 1995 ca. 6,5% des BIP. 1998/1999 erreichte der nach dem Militärputsch von 1994 abgeebbte Besucherstrom die Größenordnung von 92 414 Besuchern. In dem langfristigen Entwicklungsprogramm »Vision 2020« wird dem Fremdenverkehr eine wichtige Rolle als gesamtwirtschaftlichem Wachstumsmotor zugeschrieben.

## Aktuelle politische Situation

Oberst i.R. Yahya A. J. J. Jammeh (APRC) ist seit Juli 1994 im Amt (Militärputsch gegen Präsident Sir Dawda Jawara) und wurde am 26. September 1996 mit 55,77% der Stimmen zum Präsidenten gewählt. Das nach dem Militärputsch verhängte Parteienverbot wurde kurz nach dem Verfassungsreferendum im August 1996 wieder aufgehoben. In dem seitdem entstandenen Mehrparteiensystem errang die vom Militär dominierte Alliance for Patriotic Reorientation and Construction (APRC) eine beherrschende Position. Als wichtigste Oppositionspartei etablierte sich die United Democratic Party (UDP) des im September 1996 unterlegenen Präsidentschaftskandidaten Ousainou Darboe. Das Rechtswesen wird von britischem, islamischem und traditionellem afrikanischen Recht geprägt. Die Justiz ist laut Verfassung von 1997 unabhängig, tatsächlich aber dem Zugriff des mit starken Vollmachten ausgestatteten Staatspräsidenten und der hinter ihm stehenden politischen Kräfte ausgeliefert. Die Menschenrechtslage gab wiederholt Anlass zu Kritik aus dem In- und Ausland.

## Wichtige Adressen

Bei Problemen in Gambia ist für Deutsche, Schweizer und Österreicher die jeweilige Botschaft in Dakar (Senegal) zuständig.

Botschaft der Bundesrepublik Deutschland in der Republik Senegal
P. 21 00, 20 Av. Pasteur, Angle R. Mermoz, Dakar
Tel. 00221/23 48 84 Fax. 22 52 99

Deutsches Konsulat in Gambia
Independent Drive, Banjul
Tel. 22 77 83, Fax 22 45 45

Renate Steinkrauß
# Ghana

## Geographische Lage

Die Republik Ghana liegt am Golf von Guinea und umfasst eine Fläche von 238 540 km² mit einer Küstenlänge von ca. 540 km. Das Land grenzt im Westen an Côte d'Ivoire, im Osten an Togo und im Norden an Burkina Faso.

## Klima und Naturraum

Der südliche Teil Ghanas entlang der Küsten gehört zur Guineazone, die nördlichen Landesteile zur Sudanzone. Grobgegliedert finden sich drei große Landschaftsformationen: Das Küstentiefland mit Kokospalmen, Mangroven und Lagunen; die Regenwaldgebiete im zentralen Bereich (z.B. Hochland von Ashanti) und die Savannenzone im Norden.

## Bevölkerung

Die aktuelle Einwohnerzahl Ghanas liegt bei ca. 19 534 000 (Juli 2000) und das Bevölkerungswachstum bei 2,5-3,2%. Betrachtet man die Altersstruktur, dann ist festzustellen, daß Ghana eine sehr junge Bevölkerung hat: 42% der Menschen sind unter 14 Jahre alt, 55% 15-64 Jahre und 3% sind über 65 Jahre alt. Die durchschnittliche Lebenserwartung liegt bei 58 Jahren (Frauen 59 Jahre, Männer 57 Jahre). Die Zahl unterschiedlicher Volksgruppen in Ghana wird auf 70 bis 100 geschätzt. Die größte ethnische Gruppe bilden die im Zentrum und in der Gegend von Cape

*Fufu-Herstellung, Südghana*
*Foto: Renate Steinkrauß*

Coast lebenden Akan (Ashanti und Fanti), ihr Bevölkerungsanteil liegt bei 50-60%. Es folgen die im Norden lebenden Mole-Dagomba und Gondja mit ca. 18% und die im Südosten lebenden Ewe mit etwa 15%. 9% der Bevölkerung sind Ga-Adangme. Sie leben überwiegend im südöstlichen Küstengebiet. Neben diesen ethnischen Gruppen leben im Norden außerdem kleinere Gruppen von Mossi, Haussa und Fulbe.

Wie in den meisten ehemaligen britischen Kolonien ist die offizielle Landessprache Englisch. Außerdem werden ca. 70 afrikanische Sprachen und Dialekte gesprochen. Zu den wichtigsten zählen die Twi-Sprache mit ihren Dialekten Asante und Akuapem sowie Ewe, Fanti, Ga, Dagbani, Ful und Haussa.

Ca. 45% der ghanaischen Bevölkerung sind Anhänger der traditionellen, afrikanischen Glaubensrichtungen. Ca. 40% der GhanaerInnen bekennen sich zum christlichen Glauben (davon 40% Katholiken und 60% Protestanten). Ca. 10% der GhanaerInnen sind islamischen Glaubens (überwiegend in den nördlichen Regionen). Die Grenzen der Glaubensrichtungen sind oft fließend. So ist es nicht ungewöhnlich, dass eine Person morgens in die Kirche geht und abends am Altar zu seinen Ahnen betet.

## Bildung und Medien

1986 wurde das Schulsystem, das bis zu diesem Zeitpunkt dem britischen Schulsystem weitgehend entsprach, verändert: Seither hat jede/r GhanaerIn das Recht, mindestens neun Jahre die Schule zu besuchen. Trotz einer verhältnismäßig hohen Einschulungsquote (72%) gibt es etwa 35% Analphabeten (d.h. sie haben weniger als 3,5 Jahre lang die Schule besucht).

Durch die Liberalisierungstendenzen der Regierung Rawlings gibt es in Ghana ein weitgehendes Recht auf freie Meinungsäußerung. Es gibt mittlerweile mehr als sechs Tageszeitungen. *People's Daily Graphic* und die *Ghanaian Times*, mit einer Auflage von insgesamt rund 350 000 Exemplaren, sind die größten.

Das wichtigste Medium der Informationsübermittlung ist bis heute das Radio. 1999 gab es ca. zwanzig Radiosender. Beispiel für ein nationales Programm ist die *Ghana Broadcasting Corporation* in Accra. Sie sendet in Englisch und sechs anderen lokalen Sprachen. Eine staatliche Fernsehanstalt gibt es in Ghana schon seit 1965. Inzwischen liegt die Anzahl der TV-Sender zwischen zehn und zwanzig. Der Anstieg der Anzahl von TV-Anschlüssen von ca. 211 000 im Jahr 1989 auf 1,73 Millionen im Jahr 1997 zeigt die rasante Entwicklung auf diesem Sektor. Nur ca. 30% der Sendungen werden in ghanaischen Sprachen gesendet, der Rest wird in

Englisch ausgestrahlt. Das Angebot an Internet-Providern dagegen hält sich noch in Grenzen: 1999 waren es 2!

## Kunst und Kultur

Es ist leicht nachzuvollziehen, dass in einem Land mit einer so großen Anzahl unterschiedlicher Völker nur schwerlich von einer einheitlichen Kunst und Kultur gesprochen werden kann. Mit Recht könnten alle Gruppen auf Eigenständigkeit ihrer Kultur pochen. Bei einer Betrachtung muss weiterhin die Assimilation bestimmter Aspekte europäischer und arabisch-islamischer Kultur berücksichtigt werden, die über viele Jahrhunderte hinweg ebenfalls Einfluss ausübten. Kunst in Ghana ist nur in den seltensten Fällen losgelöst von einem praktischen oder religiösen Hintergrund. Rein ästhetische Motive sind den KünstlerInnen und KunsthandwerkerInnen eher fremd. Eine große Rolle hingegen spielt die Symbolik, die eine Philosophie der ständigen Kommunikation mit den unsichtbaren Aspekten des Lebens zum Ausdruck bringt, und die Verbindung zur Erde und zum Universum herstellt.

Die Musik spielt in allen Lebensbereichen in Ghana eine große Rolle, insbesondere die traditionelle Trommelkunst. Zu Hochzeiten, Beerdigungen, Feierlichkeiten der Königshöfe, zur Nachrichtenübermittlung über lange Distanzen hinweg und in Kriegszeiten, zu jedem Anlass gibt es charakteristische Trommelklänge und die dazugehörigen Tänze. Trommler und Trommelbauer genießen bis heute ein hohes Ansehen. Auf Ghanas Straßen ist die Musikrichtung des *Highlife* allgegenwärtig. *Highlife* gibt es in vielen Ländern Westafrika, doch – fragt man eine/n GhanaerIn – ist diese Musik in Ghana geboren und tatsächlich sind die weltweit bekanntesten Bands und Musiker meist aus Ghana.

## Wirtschaft und Entwicklung

Nach einem fast völligen ökonomischen Zusammenbruch zu Beginn der 80er Jahre hat sich das Land langsam wieder erholt. Ein Grund dafür war das Economic Recovery Program von J.J. Rawlings sowie die bezüglich ihrer sozio-ökonomischen Auswirkungen sehr umstrittenen Strukturanpassungsprogramme nach IWF- und Weltbankvorgaben. 1985 lag die Wachstumsrate bei jährlich 5%, 1999 bei 4,3%. Aber es gibt noch viel zu tun: 1997 lagen die Arbeitslosenquote bei 20% und der Bevölkerungsanteil, der unterhalb der Armutsgrenze lebte, bei ca. 31%; 1999 lag die Inflationsrate bei 12,8%.

Die wichtigste Wirtschaftsgrundlage ist die Landwirtschaft. Hauptanbauprodukt und wichtigstes Exporterzeugnis ist die Kakaobohne (Ghana deckt 30-40% des Weltbedarfs). Hauptsächlich für den Eigenbedarf werden Kassava (Tapioca), Yams, Hirse, Zuckerrohr, Reis, Palmkerne, Erdnüsse, Mais, Shea-Nüsse, Obst und Gemüsesorten angebaut. Für die Rohstoffgewinnung spielt der Anbau von Baumwolle, Sisal, Tabak und Kautschuk eine große Rolle. An der Küste ist der Fischfang eine der Haupterwerbsquellen.

Obwohl die Anzahl privater Investoren in der Landschaft ghanaischer Industriebetriebe, die bisher in der Hauptsache staatlich betrieben werden, langsam steigt, ist die Industrie wenig entwickelt. Aluminiumverhüttung, Baustoff- und Nahrungsherstellung sowie Textilindustrie und Holzverarbeitung sind hier die wichtigsten. Ghana ist ein an Bodenschätzen reiches Land. Abgebaut werden Gold (schon seit dem 15. Jahrhundert), Industrie-Diamanten, Bauxit und Mangan-Erz. Seine Energie gewinnt Ghana fast ausschließlich aus der Wasserkraft. Erzeugt wird sie durch das Akosombo-Kraftwerk am Volta-Staudamm.

## Geschichte und aktuelle politische Situation

1471 landeten Portugiesen an der Küste des heutigen Ghana. Sie fanden zwischen den beiden Mündungen des Ankobra und des Volta soviel Gold, dass sie das ganze Gebiet *Mina de Ouro* »Goldmine« nannten. Konzentrierten sich die Portugiesen zunächst auf den Rohstoffhandel, so begannen 1505 die Sklaventransporte nach Amerika, die mehr als 300 Jahre andauerten. An diesem leid- und oft todbringendem Handel waren nicht nur die Europäer beteiligt, die Ashanti waren wichtiger Zulieferer des »Menschenmaterials« aus dem Landesinneren. Holländer, Engländer, Franzosen, Dänen, Schweden und Preußen stiegen in diesen Jahren in den einträglichen Handel mit Menschen und Rohstoffen ein und begannen das portugiesische Handelsmonopol zu brechen. Bis zur Mitte des 18. Jahrhunderts wütete entlang der Guineaküste eine wilde Handelskonkurrenz sowohl zwischen den Europäern als auch zwischen Europäern und dem mächtigen Volk der Ashanti, das den größten Teil des Südens unter Kontrolle hatte.

Das Gebiet wurde 1874 nach den Protektoratsverträgen zur britischen Kronkolonie Goldküste ernannt. Schon lange vor seiner Unabhängigkeit entstand eine Reihe von Organisationen, die sich ernsthaft mit dem Kampf für die Unabhängigkeit des Landes befassten und gegen die Kolonialherren aufbegehrten. Kwame Nkrumah gründete Anfang der 50er Jahre die

*Convention People's Party* (CPP) und bildete nach den ersten allgemeinen Wahlen im Jahr 1952 die erste Regierung der Goldküste mit einer Mehrheit von acht einheimischen Kabinettsmitgliedern. 1954 war die Regierung eine rein afrikanische Angelegenheit und am 06.03.1957 wurde Kwame Nkrumah der erste Präsident des unabhängigen Ghana.

Am 25.02.1966 wurde Nkrumah gestürzt und ging ins Exil nach Guinea. Militär- und Zivilregierungen wechselten sich ab, bis 1979 bei einem erneuten Staatsstreich der *Armed Forces Revolutionary Council AFRC* – eine Revolutionsregierung – unter dem Fliegerleutnant J.J. Rawlings zustande kam. Der Staatsführer Akufo wurde von Rawlings gestürzt und zum Präsidenten wurde Dr. H. Limann gewählt. Bei einem Staatsstreich am 31.12.1981 wurde Rawlings erneut an die Macht geholt und zum Staatchef ernannt. Eine Zeit lang bestand die Revolutionsregierung Rawlings aus einem zivilen Kabinett, bestehend aus mehreren Staatsministern für die einzelnen Ressorts. Unter dem Eindruck wachsender internationaler Proteste gegen das repressive Regime der *National Democratic Convention NDC* (Nationaler Demokratischer Kongress) wurde 1991 eine neue Verfassung, die u.a. die Rückkehr zum Mehrparteiensystem beinhaltete, ausgearbeitet.

Die Präsidentenwahl im November 1992 gewann J.J. Rawlings/NDC mit 58% der Stimmen. Sein politischer Gegner Albert Abu-Boahen (NPP/New Patriotic Party) erhielt 30% der Stimmen. Bei den Parlamentswahlen im Dezember 1992 kam der Nationale Demokratische Kongress NDC auf 190 der 200 Sitze. Bei den Wahlen im Dezember 2000 hatten der bisherige Vizepräsident John Evans Atta Mils von der Regierungspartei im ersten Wahlgang 44,8% und John Agyekum Kufour von der Oppositionspartei NPP 48,4% der Stimmen. Beim zweiten Wahlgang am 28.12.2000 zeichnete sich nach Auszählung von 80% aller Wahlkreise eine Mehrheit der NPP von 60% ab.

## Wichtige Adressen

Botschaft der Bundesrepublik Deutschland
Valdemosa Lodge, 7<sup>th</sup> Avenue Extension, North Ridge
P. O. Box 1757, Accra
Tel. (002 33-21) 22 13 26 und 22 13 11
Fax (002 33-21) 22 13 47
Geöffnet Mo-Fr 13-15 Uhr.

Diplomatische Vertretung der Schweiz
9, Water Road, North Ridge, P. O. Box 359, Accra
Tel. (002 33-21) 22 81 25 und 22 81 85, Fax 22 35 83
Stellt auch Visa für Togo aus.

Konsulat der Republik Österreich
32, Independence Av., südlich vom Sankara Circle
P. O. Box 564, Accra
Tel. 22 57 19 und 22 57 16, Fax 22 19 83

German Cultural Center (Goethe Institut)
Ring Road, Ext. South, nahe Danquah Circle
P. O. Box 3196, Accra; Tel. 77 67 64.
Veranstaltung von Konzerten usw. in der British Council Hall in der Liberia Road; deutschsprachige Filme.

Informationen über die Parks und Reservate bekommt man im
Department of Game and Wildlife, P.O. box M239, 666129 Accra.

Maria Ringler
# Nigeria

*Das Wort ist eine Frucht, ihre Schale heißt Gespräch,*
*die Haut Redekunst und der Kern gesunder Menschenverstand.*

Nigerianisches Sprichwort

## Geographische Lage

Nigeria ist das bevölkerungsreichste und vielleicht vielfältigste Land Afrikas. Die Gesamtfläche der Bundesrepublik Nigeria beträgt 923 786 km² mit einer Nord-Süd- und einer Ost-West-Ausdehnung von je rund 1 000 km und beträgt damit fast das Dreifache der Fläche der Bundesrepublik Deutschland. Nigeria liegt an der Westküste Afrikas am Golf von Guinea und hat als einzige natürliche Grenze die Atlantikküste im Süden. Die Landesgrenzen – im Osten zu Kamerun, im Nordosten zum Tschad, im Norden zu Niger, im Westen zu Benin – sind das Ergebnis europäischer Kolonialpolitik des 19. Jahrhunderts. Sie missachten völlig die historisch gewachsenen regionalen Siedlungsgebiete der hier lebenden Bevölkerung. Die Nordgrenze zerschneidet z.B. die Ethnie der Haussa, die Westgrenze die der Yoruba.

## Klima und Naturraum

Der Süden des Landes gehört klimatisch zur Guineazone, der Norden zur Sudanzone. Die landschaftliche Gliederung Nigerias ist vielgestaltig. Insgesamt lassen sich vier Hauptlandschaftstypen unterscheiden, die etwa parallel zur Küste verlaufen.

Das *Küstentiefland* mit der Metropole Lagos im Westen und dem sich weit in den Golf von Guinea hinausschiebenden Nigerdelta im Osten ist – mit Ausnahme der Felsenküste im äußersten Südosten – geprägt von Lagunen und weitgefächerten Flussmündungen, die von Mangrovenwäldern gesäumt werden. Die breiten Täler des Niger und seines Nebenflusses Benue, die in Form eines Ypsilon das Land durchteilen, haben ebenfalls Tieflandcharakter. Der Niger durchfließt Nigeria auf einer Länge von 1 168 km in südöstlicher Richtung und gab dem Land seinen Namen.

Dem Tiefland der Küste schließen sich auf einer Breite von 80-130 km *Hügellandschaften* und *Plateaus* mit einer Höhe zwischen 300-500 m über Normalnull an. Den zentralen und größten Teil des Landes bedeckt eine

*Savannenlandschaft.* Im Westen des Landes, südwestlich der Stadt Bauchi und südöstlich der Stadt Kano, steigt das Plateau bis zu einer Höhe von 1 850 m an. In dieser *Hochlandzone* finden sich Schichtberge und Inselstufen. Im Nordosten, im Gebiet der Tschad-Senke, und im Nordwesten gehen die Höhen wiederum auf unter 300 m zurück.

## Bevölkerung

Nigeria ist nicht nur das bevölkerungsreichste Land Afrikas – jeder fünfte Afrikaner ist Nigerianer –, sondern auch das der größten ethnischen Vielfalt. Die Gesamtbevölkerungszahl wird auf ca. 120 Millionen Einwohner geschätzt. Mehrere hundert verschiedene Ethnien mit jeweils eigener Sprache, die oft noch in verschiedene Untergruppen und Dialekte zerfällt, und eigener kultureller Tradition leben innerhalb der Landesgrenzen Nigerias. Die Mehrheit der Einwohner zählt zu den drei Hauptethnien, die sich, grob gesehen, auf die drei Bereiche des großen Ypsilon, das durch die Flüsse Niger und Benue gebildet wird, verteilen: Es sind dies die *Yoruba* im Südwesten (20,3%), die *Igbo* im Südosten (16,6%) und die *Haussa* im Norden (20,9%). Weitere wichtige ethnische Gruppen sind die Fulani (8,6%), Kanuri (4%), Ibibio (3,7%), Tiv (2,5%), Edo (1,5%) und Urobo (weniger als 1%).[2]

Die Sprachen der drei Hauptethnien Igbo, Yoruba und Haussa sind auch regionale Verkehrssprachen in den jeweiligen Gebieten. Es gibt regionale Fernsehprogramme in diesen drei afrikanischen Sprachen, und als latinisierte Schriftsprachen werden sie inzwischen auch an den Schulen gelehrt. Überregionale Amtssprache ist Englisch. In den Statistiken zu Nigeria findet man folgende Zahlenangaben zur Religion: 50% Muslime, 35% Christen und ansonsten Anhänger traditioneller afrikanischer Religionen.

## Medien

Militärherrschaft geht einher mit der Unterdrückung der Pressefreiheit. Um so erstaunlicher war die ungewöhnliche Pressefreiheit während der Militärregierung von General Babangida (1985-1993). Die Pressevielfalt hat in Nigeria Tradition und überlebte, wenn auch mit Füßen getreten und geschlagen, in der Vergangenheit immer wieder die repressiven Regime.

---

[2] Zahlenquelle: Brockmann, Rolf/Hötter, Gerd: *Szene Lagos – Reise in eine afrikanische Kulturmetropole.* München 1994.

Die nigerianische Presse druckte noch zu Beginn der 90er Jahre fast die Hälfte der gesamten schwarzafrikanischen journalistischen Produktion. Es gab mehr als 30 Tageszeitungen (einschließlich Sonntagsausgaben) mit einer Gesamtauflage um die zwei Millionen Exemplare und dreißig wöchentliche oder monatlich erscheinende Zeitschriften. Es waren ca. 6 000 JournalistInnen registriert, das sind 48% aller JournalistInnen Afrikas. Ihrer Vielfalt und Auflagenhöhe, zeitweilig beschränkt durch Papiermangel, verdankt es die Presse, dass sie fast 15% der nigerianischen Bevölkerung erreicht und so nicht weit hinter den modernen Massenkommunikationsmitteln Rundfunk und Fernsehen zurücksteht.[3] Die tägliche journalistische Arbeit umschreibt ein nigerianischer Kommentator mit dem Versuch, »mit verbundenen Augen über ein Minenfeld zu gehen«. Trotz der Knebelung der Presse durch die Militärregierung und der Inhaftierung und Hinrichtung von Oppositionellen stellt sich die nigerianische Presselandschaft als relativ unabhängig und vielfältig dar und ist im afrikanischen Vergleich sogar als besonders umfangreich und differenziert zu bezeichnen.

## Wirtschaft und Entwicklung

Betrachtet man die natürlichen Ressourcen des Landes, so gehört Nigeria zu den reichsten Ländern der Welt. Mehr als die Hälfte der Landesfläche ist landwirtschaftlich nutzbar. Die Reserven hochwertigen Erdöls im Nigerdelta und vor der Küste unter dem Kontinentalschelf sind unermesslich. Realität ist, dass das Land in der Liste der ärmsten Länder an unterer Stelle zu finden ist.

Bis in die 60er Jahre hinein besaß Nigeria noch eine diversifizierte, gut funktionierende Landwirtschaft. Der Agrarsektor erwirtschaftete mehr als die Hälfte des Bruttoinlandsprodukts und über 70% der arbeitenden Bevölkerung war in diesem Bereich tätig. Erdöl spielte nur eine untergeordnete Rolle. 1973/74 brach die Öl-Dekade an, in der wirtschaftliche und politische Utopien entstanden, die das Land radikal veränderten, ohne aber eine dauerhafte materielle Grundlage für Entwicklung und Wohlstand zu schaffen. Nigeria wurde zum sechstgrößten Öllieferanten der Welt und überschwemmt von Firmen aus den reichen Industrieländern, die dem »Entwicklungsland« ihr technisches Know-how teuer verkauften. Diese gewaltigen Geldströme von Süd nach Nord wurden auch durch die Nigerianisierungsgesetze von 1972, 1977 und 1981 nicht maßgeblich gebremst,

---

[3] Zahlenquelle: Brokmann, Rolf/Hötter, Gerd: *Szene Lagos – Reise in eine afrikanische Kulturmetropole.* München 1994.

obwohl diese eine nigerianische Kapitalbeteiligung von durchschnittlich 60% festlegten. Als der Ölpreis Ende 1983 fiel und die Ölproduktion gedrosselt wurde, brach das nigerianische Wirtschaftswunder wie ein Kartenhaus zusammen. Die Importsubstitutionsstrategie der Regierung hatte keinen Produktionsmittelsektor geschaffen und noch immer fehlten gut ausgebildete FacharbeiterInnen. Nigeria war völlig abhängig vom Geschehen auf dem internationalen Ölmarkt. Angesichts der Notwendigkeit hoher Kreditaufnahmen fügte sich die Regierung Babangida dem Diktat der Weltbank und des Internationalen Währungsfonds und führte 1986 das *Structural Adjustment Programme* (SAP) ein, das verschiedene politische Maßnahmen vorsah, z.B. Kürzung der Gehälter im öffentlichen Dienst und in der Armee, Stabilisierung des Wechselkurses, Förderung der Landwirtschaft mit dem Ziel der Selbstversorgung mit Nahrungsmitteln. Eine Verbesserung der wirtschaftlichen Lage blieb aus, im Gegenteil, die Lage verschlechterte sich in den 90er Jahren dramatisch. So betrug die Auslandsverschuldung 1991 35 Mrd. US$ und 1992 konnte das Land nach diversen Umschuldungen seinen Zahlungsverpflichtungen nicht mehr nachkommen. Von 1 000 US-Dollar 1980 sank das Pro-Kopf-Einkommen auf aktuell 250 US$.[4]

## Geschichte und Politik

Es würde den Rahmen dieses Buches sprengen, einen repräsentativen Überblick über die komplexe Geschichte Nigerias geben zu wollen, angefangen von den frühen Haussa-Königreichen im Norden, zu den Königreichen der Yoruba und dem Königreich Benin bis hin zum Sklavenhandel, den europäischen Afrikaforschern und der beginnenden Kolonialzeit. Zur aktuellen politischen Lage ein kurzes Resümee des seit über 20 Jahren in Deutschland lebenden Nigerianers Bob Elem Okenwa-Elem:

*Als ich im Mai 1999 zum letzten Mal in Nigeria war, wurde gerade die sogenannte »Übergangsregierung« von General Abdulsalam Abubakar, als Nachfolger des berüchtigten Generals Sany Abacha und seines Terrorregimes, beauftragt, das Land für den Übergang in die Zivilregierung vorzubereiten. In der Regierungszeit von General Abacha, die eines der dunkelsten Kapitel der nigerianischen Geschichte darstellt, geschahen vor den Augen der Weltöffentlichkeit unglaubliche und skrupellose Akte von*

---

[4] Zahlenquelle: Brockmann, Rolf/Hötter, Gerd: *Szene Lagos – Reise in eine afrikanische Kulturmetropole.* München 1994.

*Staatsterrorismus: die Hinrichtung des Schriftstellers und Menschen-*
*rechtskämpfers Ken Saro Wiwa (1995), die Hinrichtung von Journalisten,*
*Soldaten und Oppositionellen, die Inhaftierung und Folterung des vom*
*Volk gewählten Zivilpräsidenten Abiola (1993), des Regimekritikers Pro-*
*fessor Soyinka, des Afro-Jazzmusikers Fela Anikpula Kuti u.a.*

*Noch bevor sich die Übergangsregierung von General Abubakar kon-*
*stituieren konnte, meldete sich sein früherer Militärgefährte General Olu-*
*segun Obsanjo (1975-79) als nächster Regierungschef bei der Bundes-*
*tagswahl im Februar 2000. Und wie sollte es anders sein? Er gewann die*
*Wahl und regiert nun im Zivilgewand. Trotzdem ist der neue Demokrati-*
*sierungsprozess (Pressefreiheit, Rückkehr der Vertriebenen ins Land,*
*Freilassung von Gefangenen usw.) General Abubakar zu verdanken.*

*Seit 12.06.2000 regiert nun Obasanjo nach 30 Jahren Diktatur das be-*
*völkerungsreichste Land Afrikas mit Geschick und Bange, denn die häufi-*
*gen religiösen Unruhen, vor allem im moslemischen Norden des Landes,*
*geben Anlass zu Sorge und Unsicherheit. Trotz eines gewissen »Miteinan-*
*des« zwischen der christlichen Minderheit und der moslemischen Mehr-*
*heit in der Bevölkerung bestehen weiterhin ständige Versuche – insbeson-*
*dere im Norden – »islamisches Staatsrecht« einzuführen. Dazu gehört bei-*
*spielsweise für die Frauen eine strikte Trennung von den Männern in der*
*Öffentlichkeit (Busfahrten, Versammlungen in Schulen, Kirchen und am*
*Arbeitsplatz) sowie die Verschleierung des Kopfes.*

*Dennoch sind viele Menschen zuversichtlich, dass der Untergang und*
*die Selbstzerstörung dieses Landes auf sich warten lassen. Journalisten,*
*Musiker und andere Künstler sprechen von einer »positiven Kraft« gegen*
*Diktatur, Korruption und Elitentum. Der Literaturwissenschaftler Profes-*
*sor Achebe drückte es so aus: »In diesem Land wird es niemandem gelin-*
*gen, das Volk mundtot zu machen.« Femi Kuti (Sohn des Musikers Fela*
*Kuti) sagte: »Wir werden kein Blatt mehr vor dem Mund nehmen!« Die*
*Rede ist sogar von einer »Aufbruchsstimmung« im Lande.*

## Wichtige Adressen

Deutsche Botschaft in Nigeria
15 Eleke Crescent, Victoria Island
Lagos
P.O. Box 728, Lagos
Tel. 00234 /1-26 11 0111
Fax 00234 /1-26 17 795

Außenstelle in Abuja:
Europe House, Plot 533, Usuma Street, Maitama, Abuja/F.C.T.
P.O. Box 280, Abuja/F.C.T.
Tel. 00234 /9-52 33 144, Fax 00234 /9-52 33 147

Deutsches Honorarkonsulat
c/o Western Nigerian Technical Co. Ltd.
22 Fajuuiyi Road, Dugbe, Ibadan
P.O. Box 5148, Dugbe, Ibadan
Tel. 00234/22-24 11 291

Nigerian Tourism Development Corporation
Tafawa Balewa Square Shopping Centre, Entrance 2, Lagos
P.O. Box 2944, Lagos

Goetheinstitut – German Cultural Centre
opposite 1004 Estate, Ozumba Mdadiwe Avenue
Victoria Island, Lagos
P.O. Box 957, Lagos
Tel. 00234-(2)-610717 Fax 0234-(2)-617916

Annette Coly
# Senegal

## Geographische Lage

Der Senegal liegt an der Westküste Afrikas. Im Norden grenzt er an Mauretanien, wobei der Senegal-Fluss eine natürliche Grenze darstellt. Im Osten liegen Mali und im Süden Guinea und Guinea-Bissau. Gambia wird vom Senegal umrahmt: ein Erbe aus der willkürlichen Grenzziehung während der Kolonialzeit. Im Vergleich zu seinen Nachbarländern Mauretanien und Mali ist der Senegal mit einer Gesamtfläche von 196 720 km$^2$ ein verhältnismäßig kleines Land. Es handelt sich um ein im Großen und Ganzen flaches Land, dessen höchste Erhebung etwa 500 m ü. NN. erreicht.

## Klima und Naturraum

Der Senegal gehört zur Sudan- bzw. Sahelzone. Trotz seiner relativ geringen Größe zeichnet sich der Senegal durch eine Vielzahl an Landschaften aus: dichter Wald, Mangroven (Sine Saloum, Casamance); Savanne (Niokolo Koba, Tambacounda); Flüsse (Senegal, Gambia, Niokolo, Faleme), Seen (Lac de Guiers), Salzseen (Lac Rose, Lac Mbeubeuss), die Atlantikküste und das Meer, der Buschwald (in Zentralsenegal) und Sandwüsten (in der Umgebung von St. Louis).

## Bevölkerung

Wie in vielen anderen westafrikanischen Staaten gibt es auch im Senegal eine erstaunliche ethnische Vielfalt. Die Zugehörigkeit zu einer bestimmten Volksgruppe kann man in vielen Fällen bereits aus dem Familiennamen erkennen. Die wichtigsten ethnischen Gruppen sind: Wolof (44% der Bevölkerung), Sérères (15%), Fulbe (12%), Tukouleur (11%), Dioula (5%), Mandingo (4%), außerdem Sarakolé, Malinké, Mauren und andere Minderheiten. Jede dieser einzelnen Ethnien hat ihre eigene Sprache, wobei es sich um eigenständige Sprachen mit ganz unterschiedlichen Ursprüngen handelt. Der Senegal ist ein laizistischer Staat, der die Religionsfreiheit in seiner Verfassung festgeschrieben hat. Rund 93% der Bevölkerung bekennen sich zum Islam, etwa 5% sind katholischen Glaubens, die übrigen 2% Anhänger traditioneller afrikanischer Religionen.

## Infrastruktur

Im Verhältnis zu anderen Staaten der Region verfügt der Senegal über eine relativ gute Verkehrsinfrastruktur, die Versorgung mit Trinkwasser und Elektrizität außerhalb der großen Städte ist hingegen noch nicht ausreichend. Aber auch in den Städten, vor allem in Dakar, kommt es immer wieder zu Versorgungsengpässen bei Strom und Wasser. Bei den immensen Zuströmen, die die Stadt durch die Landflucht in den letzten Jahren zu verkraften hatte, kam man mit dem Ausbau der erforderlichen Kapazitäten nicht mehr nach.

## Medien

Die Medienfreiheit existiert im Senegal im Gegensatz zu vielen anderen Staaten Afrikas nicht nur auf dem Papier, sondern drückt sich in einer Vielfalt an Zeitungen, privaten Radiosendern und einer zunehmenden Nachfrage nach den modernen Kommunikationsmedien, wie dem Internet, aus. Im Bereich Fernsehen scheint allerdings noch ein langer Weg bis hin zur Zulassung von privaten Fernsehsendern zu liegen.

## Geschichte und Politik

Der Senegal war eines der ersten Länder, in denen europäische Seefahrer einen Handelsstützpunkt errichteten (1444 durch die Portugiesen im heutigen St. Louis). Die folgende Kolonialisierung durch Frankreich (von 1659 bis 1960) hat die Entwicklung des Senegal entscheidend und nachhaltig beeinflusst. Nach der Unabhängigkeit wurde Léopold Sédar Senghor Präsident der Republik und 1962 auch Regierungschef.

Die Demokratie existiert im Senegal nicht nur auf dem Papier; es gibt ein funktionierendes Mehrparteiensystem und regierungsunabhängige Medien, die durchaus auch kritische Positionen gegenüber der Regierung vertreten. Wichtigste Persönlichkeiten der neueren Politik sind Abdou Diouf von der PS (Sozialistische Partei) und sein langjähriger Kontrahent Abdoulaye Wade von der Demokratischen Partei (PDS). Diese beiden standen sich auch am 27. Februar 2000 als Präsidentschaftskandidaten ihrer Parteien gegenüber. Da keiner der beiden die absolute Mehrheit erringen konnte, kam es am 19. März 2000 zu einer historischen Stichwahl, aus der der bisherige Oppositionsführer als Sieger hervorging. Er wurde von allen anderen Oppositionsparteien gestützt. Durch die Entscheidung des Volkes und die anschließende demokratische Machtübergabe hat der Senegal einmal mehr die Rolle eines Musterschülers der Demokratie übernommen.

## Musik

Sowohl in der traditionellen wie auch in der modernen senegalesischen Musik ist die Tradition der *Griots* noch sehr lebendig. *Griots* sind die Geschichtenerzähler des Senegals, die in ihren Liedern die mündlich überlieferte Geschichte des Landes erzählen. So werden in den Liedern berühmte Männer und Frauen, Könige, Krieger und geistliche Führer verehrt. Auf Hochzeiten oder anderen Festen kann man erleben, dass alle Gäste der Reihe nach besungen werden. Man wünscht ihnen viel Glück und Gesundheit; die Besungenen geben dann den *Griots* Geld als Dank für ihre guten Wünsche und Gebete.

Der erfolgreichste Sänger aus dem Senegal ist wohl Youssou N'Dour, der seit seiner Zusammenarbeit mit Peter Gabriel auch in Europa und in den USA bekannt ist und für seinen Song »7 Seconds« eine Goldene Schallplatte bekam. Weitere bekannte Sänger sind Baaba Maal, Cheikh Lo, Ismael Lo und die Gruppe Toure Kounda.

## Wichtige Adressen

Ambassade de la République Fédérale d'Allemagne
20, Av. Pasteur
B.P. 2100, Dakar
Tel. 823 25 19
Fax 823 25 99

Semegnan Samey
# Togo

*Der Reiche kann das Salz kaufen, aber nicht das Leben.*

*Togoisches Sprichwort*

## Geographische Lage und Verwaltung

Die Republik Togo liegt am Golf von Guinea und bildet einen maximal 140 km breiten Gebietsstreifen, der sich von der Küste (Küstenlinie 45 km) etwa 600 km nach Norden ins Innere des Kontinents erstreckt. Die Gesamtfläche beträgt 56 785 km². Die Nachbarländer sind im Osten Benin, im Norden Burkina Faso und im Westen Ghana. Im Süden bildet der Atlantik die natürliche Grenze. Hauptstadt ist Lomé, weitere größere Städte sind Dapaong, Sokode, Kara, Kpalime, Atakpamé, Tsévié, Bassar, Aného.

## Klima und Naturraum

Der Süden des Landes zählt klimatisch zur Guineazone, der Norden zur Sudanzone. Die Wälder im südlichen Teil Togos gehen nach Norden in Savannen über. Der größte Teil des Landes besteht aus einem Plateau in 200-500 m ü. M., das von dem bis 1020 m hohen Togo-Atakora-Gebirge zentral von Süd-West nach Nord-Ost durchzogen wird und im Norden zur Otiebene abfällt.

## Infrastruktur

Die große Längserstreckung des Staatsgebiets ist eines der Haupthindernisse der verkehrsräumlichen Erschließung, wobei die zentralen und nördlichen Landesteile weniger entwickelt sind als der Süden. Die Verkehrswege Togos besitzen auch eine große Bedeutung für den Transithandel der Binnenstaaten Burkina Faso, Mali und Niger. Wichtigste Linie des ca. 300 km umfassenden Eisenbahnnetzes ist die Verbindung von Lomé nach Blitta. Das Straßennetz ist auf eine Gesamtlänge von ca. 8000 km ausgebaut worden. Die asphaltierte Transitstrecke von Lomé über Kara und Dapaong nach Burkina Faso ist die wichtigste Straßenverbindung. Über den Hafen von Lomé wird der größte Teil des Überseehandels Togos und seiner nördlichen Nachbarländer abgewickelt.

Die Versorgung mit Wasser und Strom ist in der Hauptstadt Lomé gesichert, die anderen Landesteile sind unterversorgt. In den großen Städten

Togos gibt es staatliche und private Krankenhäuser und auf dem Land vereinzelt Missionskrankenhäuser. Aufgrund der schlechten medizinischen Versorgung gibt es eine hohe Kindersterblichkeit.

## Bevölkerung

Togo zählt zu den am dichtesten besiedelten Ländern Afrikas. An der Küste ist die Dichte am größten und im gesamten Zentralraum am dünnsten. Die Einwohnerzahl liegt bei ca. fünf Millionen. Amtssprache ist Französisch. Die Bevölkerung Togos umfasst rund 40 Ethnien mit entsprechend vielen Sprachen und Dialekten. In Nord-Togo ist Haussa allgemeine Verständigungssprache, ansonsten haben die Sprachen der Fulbe, der Temba, der Mina und – von der Regierung gefördert – der Ewe über ihr Wohngebiet hinaus Bedeutung.

Etwa die Hälfte der Bevölkerung hängen traditionellen afrikanischen Religionen an. Rund 35% sind Christen (vor allem im Süden), davon etwa drei viertel Katholiken. Etwa 20% sind Muslime (vor allem die Fulbe und Haussa im Norden).

## Gesellschaft und Sozialstruktur

Alle Bereiche des Lebens sind in Togo hierarchisch organisiert. An der Spitze der einzelnen Gruppen stehen Familienoberhaupt, Dorfchef sowie Voodoopriester etc., ihnen zur Seite stehen Ältestenrat, Frauenrat usw. Traditionell werden Abstimmungen und Beratungen zur Entscheidungsfindung durchgeführt. Der Entscheidungsträger dominiert, er ist den anderen verpflichtet und diese beugen sich seinem Entschluss. Die Stellung und Macht eines togoischen Führers legitimieren sich durch Mystik, Alter und Weisheit. Wunder, die seine besonderen Kräfte zeigen, festigen seine Position. Paradebeispiel ist Präsident Eyadéma. Er überlebte 1974 auf wundersame Weise einen Flugzeugabsturz. Geschickt nutzte er diesen Umstand aus und verwies auf die besonderen Kräfte, die ihn beschützt haben.

## Bildung und Medien

Das Schulwesen ist nach französischem Vorbild aufgebaut; an die sechsjährige Primarschule schließen sich die allgemeinbildenden Sekundarschulen mit vierjährigem Kurzzug und siebenjährigen Langzug (Hochschulreife) an. Daneben gibt es die berufsbildenden Schulen, deren Abschluss nach vier Jahren zum Besuch der landwirtschaftlichen Fachschule und anderer Einrichtungen berechtigt. Neben staatlichen und privaten Schulen gibt es auch zahlreiche Missionsschulen. Die Analphabetenquote liegt bei ca. 50%.

Einzige überregionale Tageszeitung ist das französischsprachige Regierungsorgan Togopresse mit je einer Seite in den Sprachen Ewe und Kabre. Kritische unabhängige Zeitungen werden unter dem Ladentisch verkauft. Es gibt die Nationalagentur ATOP – *Agence Togolaise de Presse*. Der staatliche Rundfunksender *Radiodiffusion du Togo* verbreitet Hörfunkprogramme in Französisch, Englisch und den Landessprachen. Es werden zudem immer mehr Privatradiosender ausgestrahlt. Die staatliche Fernsehanstalt *Television Togolaise* strahlt von drei Stationen Fernsehprogramme in Französisch und verschiedenen Landessprachen aus. Kleine Läden bieten die Benutzung von Internet, Fax, Telefon und Fotokopierer an.

## Wirtschaft und Entwicklung

Landwirtschaftliche und mineralische Ressourcen bilden das ökonomische Rückgrat Togos. Die Wirtschaft hat trotz der zahlreichen Staatsbetriebe überwiegend marktwirtschaftlichen Charakter. Togo gehört zu den Ländern mit niedrigem Einkommen. Ausländische Investitionen, u.a. in der Textilindustrie (Verarbeitung heimischer Baumwolle), sollten durch die Errichtung von Freihandelszonen gefördert werden.

Der Landwirtschaftssektor beschäftigt die Mehrzahl der Erwerbstätigen. Es dominieren kleinbäuerliche Betriebe. Wichtigste Grundnahrungsmittel sind Mais, Hirse, Maniok und Jams. In Dürrejahren müssen vor allem Mais und Hirse importiert werden. Ferner besitzen Kochbananen, Reis, Zuckerrohr, Bohnen, Erdnüsse sowie Pataten und Taro große Bedeutung für die Ernährung der Bevölkerung. Hauptexportkulturen sind Baumwolle, Kaffee und Kakao. Während Baumwolle in allen Landesteilen angebaut wird, konzentrieren sich Kaffee- und Kakaoplantagen auf den westlichen Teil der Hochebene. Regionale Schwerpunkte der Viehhaltung, vor allem von Schafen und Ziegen, sind der zentrale Teil Togos und das nördliche Savannengebiet.

Der Bergbau ist die bedeutendste Devisenquelle. Wichtigstes Bergbauprodukt ist Phosphat. Wichtigste Energieträger sind nach wie vor Brennholz und Holzkohle, die zwischen 60% und 70% des landesweiten Energiebedarfs decken. Der Industriesektor ist weitgehend auf die Weiterverarbeitung heimischer Grund- und Rohstoffe sowie landwirtschaftlicher Erzeugnisse ausgerichtet. Wichtigste Branchen sind das Nahrungsmittel- und Textilgewerbe. Weitere bedeutende Industriebereiche sind die Verarbeitung von Steinen und Erden sowie die Holzindustrie. Auf der Importseite dominieren Energie, Maschinen, Fahrzeuge, Textilien und Nahrungsmittel. Bedeutendste Handelspartner sind die EG-Länder (v.a. Frankreich und Niederlande), die USA und Kanada.

## Geschichte und Politik

Ende des 15. Jahrhunderts landeten die ersten Portugiesen an der Küste des heutigen Togo. Im 17. und 18. Jahrhundert errichteten französische Kaufleute Niederlassungen, seit 1856 traten deutsche Kaufleute in Erscheinung. Durch einen Protektoratsvertrag vom 05.07.1884 wurde zunächst ein schmaler Küstenstreifen deutsches Schutzgebiet. 1901 war Togo ganz in deutscher Hand. Im August 1914 von französischen und britischen Truppen erobert, wurde Togo 1919 in ein französisches und ein britisches Mandatsgebiet des Völkerbundes geteilt, ab 1946 UNO-Treuhandgebiete. Nach einer Volksabstimmung wurde West-Togo 1957 der Goldküste (Ghana) eingegliedert. Frankreich dagegen verwaltete seinen östlichen, größeren Teil Togos getrennt von seinen westafrikanischen Kolonien. Französisch-Togo erhielt 1955 Autonomie und wurde am 27.04.1960 unter Präsident Sylvanus Olympio, Führer des *Comité d'Unite Togolaise*, unabhängig.

Bereits in der Kolonialzeit hatte sich ein starkes soziales Gefälle zwischen dem wirtschaftlich stärker entwickelten Süden und dem in dieser Hinsicht noch wenig fortgeschrittenen Norden herausgebildet. Die Teilung des Wohngebietes der Ewe infolge kolonialer Grenzziehung führte zu Spannungen zwischen Togo und Ghana. Nach einem Militärputsch am 13.10.1963, bei dem Olympio ermordet wurde, übernahm Nicolas Grunitzky die Macht, der jedoch im Zuge eines weiteren Militärputsches am 13.01.1967 abgesetzt wurde. Gestützt auf das Militär, seit 1969 zugleich auf den *Rassemblement du Peuple Togolais* (RPT), errichtete Oberstleutnant E. G. Eyadéma als Staatspräsident ein Einparteiensystem. Wie seine Vorgänger führte er außenpolitisch sein Land in enger Anlehnung an Frankreich. 1986 schlug das Militär einen Putschversuch gegen Eyadéma nieder. 1991 erfasste die gesamtafrikanische Demokratiebewegung auch Togo. Unter Einschränkung der diktatorischen Macht Eyadémas als Staatspräsident wählte die Nationalversammlung im August 1991 Joseph Kokou Koffigoh zum Premierminister an die Spitze einer Übergangsregierung. In der Folgezeit unternahm das Militär verschiedene Putschversuche mit dem Ziel, die diktatorische Gewalt Eyadémas wiederherzustellen. Im Februar 1993 scheiterten französisch-deutsche Vermittlungsversuche zwischen dem vom Militär gestützten Staatspräsidenten Eyadéma und den oppositionellen Kräften um Koffigoh.

Die aktuelle politische Lage ist katastrophal. Zwischen 1989 und 2000 wurden ungefähr 4000-6000 politische Morde verübt. Die politische Opposition wurde ins Exil vertrieben. 80% der Armeeangehörigen sind aus der Geburtsstadt Eyadémas und seine direkten Gefolgsleute. Die Infrastruktur des Landes bricht zusammen, Straßen werden nicht instandgehalten, die Eisenbahngesellschaft und Industriebetriebe wurden geschlossen. Beamte und Angestellte arbeiten monatelang ohne Bezahlung. Korruption ist quer durch die Gesellschaft an der Tagesordnung. Der Hafen Lomés wurde an eine chinesische Firma verkauft. Ausländische Investoren ziehen sich aufgrund der politischen Lage zurück. Auch der Tourismus kam wegen der politischen Situation fast zum Erliegen.

## Wichtige Adressen

Ambassade de la République Fédérale d'Allemagne
Bd. de la République, B. P. 1175, Lomé
Tel. 002 28 /21 23 70 und 21 23 38

*Schweiz*: Zuständig für Togo sind die diplomatischen Vertretungen der Schweiz in Accra/Ghana und Abidjan/Côte d'Ivoire
*Österreich*: Zuständig ist die Österreichische Botschaft in Abidjan/Côte d'Ivoire

Goethe-Institut
25, Rue Colonel Maroix, Ecke Rue de l'Eglise, Nähe Grand Marché
B. P. 914, Tel. 21 08 94, Fax 22 07 77.
Deutsche Filme, Bücher, Zeitungen etc.; auch für Veranstaltungstipps u.a. immer eine gute Adresse.

Deutsch-Togolesische Gesellschaft e. V.
Postfach 31 13 25, 70473 Stuttgart
Tel. 071 41 /5 52 63
Unterstützt u.a. zahlreiche Schulen, Krankenstationen und Krankenhäuser, landwirtschaftliche Genossenschaften etc. in verschiedenen Regionen mit Sach- und Geldspenden.

# Anhang

## Adressen

### Botschaften und Konsulate westafrikanischer Länder in Deutschland, Österreich und der Schweiz

*Republik Burkina Faso*

Botschaft in Deutschland:
Karolinger Platz 10, 14052 Berlin
Tel. 030/30 10 59 90
Honorarkonsulate in Hannover, Mainz, Mühlheim a.d. Ruhr, München, Stuttgart

Generalkonsulat in Österreich:
Mittelgasse 16
A-1060 Wien
Tel. 01/597 97 35-38, Fax 01/597 97 35-89
Geöffnet: Mo-Do 8-17 Uhr; Fr 8-13 Uhr

Honorarkonsulat in der Schweiz:
Av. Eugéne Pittard
CH-1206 Genf
Tel. 022/789 09 19, Fax 022/347 82 69
Geöffnet: Mo-Do 8-17 Uhr; Fr 8-13 Uhr

*Republik Côte de'Ivoire*

Botschaft in Deutschland:
Königstraße 93, 53115 Bonn
Tel. 0228/21 20 98/99, Fax 0228 /21 73 13
Geöffnet: Mo-Fr 9-15 Uhr;
weitere Konsulate in Düsseldorf, Berlin, Frankfurt a.M., München

Botschaft in Österreich:
Geweygasse 9, A-1190 Wien
Tel. 01/37 03 20 00

Honorarkonsulat in der Schweiz:
Löwengasse 17, CH-8001 Zürich
Tel. 01/211 88 44, Fax 01/215 50 40
Geöffnet: Mo-Fr 9.30-11.30 Uhr

*Republik Gambia*

Botschaft in Belgien:
Ambassade de la Republique de Gambia
126, Av. Franklin Roosevelt
B-1050 Brüssel
Tel. 0032/2/640 10 49, Fax 0032/2/646 32 77;
auch für Deutschland und Österreich zuständig

Honorarkonsulat in der BRD:
Kurfürstendamm 103
10711 Berlin
Tel. 030/892 31 21/22, Fax 030/891 14 01

Honorarkonsulate in der Schweiz:
Via al Poggio 6
CH-6932 Lugano-Breganzano
Tel. 091/966 32 92

Rütistr. 13
CH-8952 Zürich-Schlieren
Tel. 01/731 10-10, Fax 01/731 10-51
Geöffnet: Mo-Fr 9-11 Uhr und 14-16 Uhr;
auch für Österreich zuständig

*Republik Ghana*

Botschaft in Deutschland:
Starvanger Straße 19, 10439 Berlin
Tel. 030/447 90 52

Vertretung in der Schweiz:
Belpstraße 11, CH-3007 Bern
Tel. 031/381 78-52/-53, Fax 031/381 49 41
Geöffnet: Mo-Fr 9-12.30 Uhr und 14-17 Uhr

*Republik Nigeria*

Botschaft in Deutschland:
Goldbergweg 13
53177 Bonn (Bad Godesberg)
Tel. 0228/32 20 71, Fax 0228/32 80 88

Botschaft in der Schweiz:
Sieglerstraße 45
CH-3007 Bern
Tel. 0041/31 38 20 726

Botschaft in Österreich:
Rennweg 25
A-1030 Wien
Tel. 0043/171 26 685

*Republik Senegal*

Botschaft in Deutschland:
Argelanderstraße 3
53115 Bonn
Tel. 0228/21 80 08/09, Fax 0228/21 78 15
Geöffnet: Mo-Fr 9-16 Uhr;
Fremdenverkehrsamt angeschlossen; weitere Konsulate in Berlin,
Düsseldorf, Hamburg, Frankfurt a.M., Stuttgart, München

Generalkonsulate in Österreich:
Kärtner Ring 9-13
A-1010 Wien
Tel. 01/512 85 76
Geöffnet: Do 13-16 Uhr;
zuständig für alle Bundesländer außer Tirol, Vorarlberg, Salzburg
und Kärnten

Kohlstattgasse 33
A-6020 Innsbruck
Tel./Fax 0512/58 89 57
Geöffnet: Mo-Fr 10-12 Uhr; zuständig für Tirol und Vorarlberg

Getreidegasse 22, 3. Stock
A-5020 Salzburg
Tel. 0662/84 37 46 10, Fax 0662/64 84 84
Geöffnet: Mo-Fr 16-18 Uhr; zuständig für Salzburg und Kärnten

Vertretung in der Schweiz:
Mission Permanente du Sénégal
Rue de la Servette 93
CH-1202 Genf
Tel. 022/918 02 30

*Republik Togo*

Konsulat in Deutschland:
Reitmorstraße 14
80538 München
Tel. 089/22 41 88;
auch für Österreich zuständig

Honorarkonsulate in der Schweiz:
Steckackerstraße 12
CH-4132 Muttenz
Tel. 061/467 15-03, Fax 061/467 15-04;
für alle Schweizer Kantone außer Genf zuständig

Rue Toepffer 11
CH-1206 Genf
Tel. 022/346 52 60, Fax 022/346 59 39;
nur für den Kanton Genf zuständig

## Weitere Adressen in Deutschland

*Auswärtiges Amt*

Werderscher Markt 1
10117 Berlin
Tel. 030/201 86-0, Fax 018 88/17-3402
www.auswaertiges-amt.de
Aktuelle Länderinformationen zu Sicherheitslage, Einreisebestimmungen,
Impfempfehlungen etc.

*Bundesverwaltungsamt*

Informationsstelle für Auslandstätige und Auswanderer
Marzellenstraße 50-56
50668 Köln
Tel. 0221/75 80-0
Merkblätter für Auslandstätige und Auswanderer zu diversen Ländern

*Goethe-Institut*

Zentralverwaltung
Helene-Weber-Allee 1
80637 München
Tel. 089/159 21-494, Fax 089/159 21-237
Internet: www.goethe.de
Adressenverzeichnis aller deutschen Kulturinstitute im In- und Ausland

## Informationen über Arbeitsstellen im Ausland

Zentralstelle für Arbeitsvermittlung (ZAV)
Internationale Arbeitsvermittlung
Villemombler Straße 76
53123 Bonn
Tel. 0228/713-0, Fax 0228/713-11 11
Postanschrift:
53107 Bonn

Deutsche Gesellschaft für Technische Zusammenarbeit (GTZ)
Postfach 5180, 65726 Eschborn
Tel. 061 / 96 79 0, Fax 061 / 96 79 11 15
Internet: www.gtz.de
Die GTZ entsendet Fachkräfte in Entwicklungsländer.

Deutscher Entwicklungsdienst (DED)
Tulpenfeld 7
53113 Bonn
Tel. 0228/24 34-0, Fax 0228/24 34 111
Internet: www.ded.de
Der DED entsendet Entwicklungshelfer.

*ASA-Programm: Arbeits- und Studienaufenthalte für Studierende und Berufstätige in Afrika, Asien und Lateinamerika*

Carl Duisberg Gesellschaft e.V.
Postfach 3509
10727 Berlin
Telefon: 030/254 82-350 bis -357, Fax: 030/254 82-359
E-mail: asa@cdg.de
Internet: www.asa-cdg.de

## Tropenmedizinische Institute in Deutschland

Institut für Tropenmedizin
Spandauer Damm 130, Haus 10, 14050 Berlin
Tel. 030/30 11 66

Universitätsklinikum R. Virchow
Standort Wedding, II. Med. Abt.
Augustenburger Platz 1, 13353 Berlin;
Tel. 030/45 05-0

Institut für Medizinische Parasitologie der Universität Bonn
Sigmund-Freud-Straße 25, 53127 Bonn
Tel. 0228/287-56 73

Centrum für Reisemedizin (CRM)
Oberrather Straße 10, 40472 Düsseldorf
Tel. 0211/90 42 90

Bernhard-Nocht-Institut für Tropenmedizin
Bernhard-Nocht-Straße 74, 20359 Hamburg
Tel. 040/311 82-0

Klinikum der Universität Heidelberg, Institut für Tropenhygiene
Im Neuenheimer Feld 324, 69120 Heidelberg
Tel. 06221/56 29-05 oder -99

Abteilung Infektions- und Tropenmedizin
der Klinik für Innere Medizin IV
Härtelstraße 16-18, 04107 Leipzig
Tel. 0341/972 49 71

Institut für Infektions- und Tropenmedizin der Universität München
Leopoldstraße 5, 80802 München
Tel. 089/21 80 35 17

Institut für Tropenmedizin der Universität Tübingen
Keplerstraße 15, 72074 Tübingen
Tel. 07071/29 23 65

Tropenklinik Paul-Lechler-Krankenhaus
Paul-Lechler-Straße 24, 72076 Tübingen
Tel. 07071/20 60

Medizinische Universitätsklinik und Poliklinik
Tropenmedizinische Abteilung
Robert-Koch-Straße 8, 89081 Ulm
Tel. 0731/502 44 27

Missionsärztliche Klinik, Tropenmedizinische Abteilung
Salvatorstraße 7, 97074 Würzburg
Tel. 0931/791-282

*Tropeninstitute in Österreich und der Schweiz*

Institut für Tropenmedizin der Universität Wien
Kinderspitalgasse 15, A-1090 Wien
Tel. 01/406 43 92

Schweizer Tropeninstitut
Socinstraße 57, CH-4002 Basel
Tel. 061/28 48 11

# Kontaktadressen für Afrodeutsche

## Projekte für afrodeutsche Kinder und Jugendliche bei der iaf

Landesgeschäftsstelle Bremen
Frau Barbro Krüger
Buntentorsteinweg 182-186
28201 Bremen
Tel. 0421/55 40 20
Fax 0421/525 10 97
E-Mail: iaf@vossnet.de

Landesgeschäftsstelle München
Frau Renate Wild-Obeng
Goethestraße 53
80336 München
Tel. 089/53 14 14

iaf-Gruppe Frankfurt
Ludolfusstraße 2-4
60487 Frankfurt a. M.
Tel. 069/71 37 56-0

ISD-Bund e.V.
Initiative Schwarzer Menschen in Deutschland
Postfach 900 355
60443 Frankfurt a. M.
Tel. 07000-473 28 63
E-Mail: isdbund@isdonline.de
Internet: www.isdoneline.de

ADEFRA e.V.
Schwarze Frauen in Deutschland
Kontakt über ISD-Bund e.V. (siehe oben)

# Literaturhinweise

Hier nur eine kleine Auswahl der vielfältigen Literatur über und aus Westafrika:

## Reiseliteratur

Achermann, U.: *Senegal – Gambia*. Merian-Live! Gräfe und Unzer Verlag GmbH, München 1999

Brockmann, R./Hötter, G.: *Szene Lagos – Reise in eine afrikanische Kulturmetropole*. Trickster, München 1994

Buchholz, H.: *Senegal – Gambia*. Dumont Reise-Taschenbuch, Köln 1999

Cobbinah, J.: *Ghana – Praktisches Reisehandbuch für die »Goldküste« Westafrikas*. Peter Meyer Reiseführer

Därr, E. (Hrsg.): *Westafrika – Band 1: Sahelländer*.
Reise Know-How Verlag Därr, Hohenthann 2000

Därr, E. (Hrsg.): *Westafrika – Band 2: Küstenländer*.
Reise Know-How Verlag Därr, Hohenthann 1999

Eder, N.: *Togo inkl. Sahara Durchquerung*. Verlag Martin Velbinger, Gräfelfing bei München 1992

Else, D./Newton, A./Williams, J./Fitzpatrick, M.: *West Africa*.
Lonely Planet Publication, Melbourne u.a. 1999

Klotchkoff, J.-C.: *Le Burkina Faso aujourd'hui*. Les Editions du Jaguar, Paris 1998

Mruk, A.: *Bonjour, Yovo! Wo liegt Afrika?* Brandes & Apsel, Frankfurt a.M. 1994

Pigeonnière, A./Jomni, S.: *Atlas du Burkina Faso*.
Les Atlas Jeune Afrique. Les Editions J.A., Paris 1998

## Sachbücher

Anan, K.: *Wie man in Europa afrikanisch kocht*. Schweizerisches Komitee für UNICEF, Zürich 1987

Cobbinah, J./Ehling, H.: *Westafrikanisch kochen – Gerichte und ihre Geschichte*. Edition diá, Berlin 1995

Frehn, B./Krings, T.: *Afrikanische Frisuren – Symbolik und Formenvielfalt traditioneller und moderner Haartrachten im westafrikanischen Sahel und Sudan*. Dumont Taschenbuch, Köln 1986

Ibekwe, P.: *Afrikanische Sprichwörter*. Peter Hammer Verlag 2000

Ki-Zerbo, J.: *Die Geschichte Schwarz-Afrikas*; Fischer Taschenbuch, Frankfurt 1993

Kubik, G.: *Zum Verstehen afrikanischer Musik*. Reclam

Kumpfmüller, K.A. (Hrsg.): *Europas langer Schatten – Afrikanische Identitäten zwischen Selbst- und Fremdbestimmung*. Brandes & Apsel/ Südwind, Frankfurt 2000

Michler, W.: *Weißbuch Afrika*. Verlag J.H.W. Dietz, Bonn 1991

## Sprachführer

Franke, M.: *Wolof für den Senegal – Wort für Wort*. Kauderwelsch Band 89, Reise Know-How Verlag Peter Rump GmbH, Bielefeld 1998

Schneider, E.: *Französisch für den Senegal – Wort für Wort*. Kauderwelsch Band 138, Reise Know-How Verlag Peter Rump GmbH, Bielefeld 2000

Vögele, H.: *Hausa für Nigeria und Niger – Wort für Wort*. Kauderwelsch Band 80, Reise Know-How Verlag Peter Rump GmbH, Bielefeld 1995

Außerdem in dieser Reihe erschienen:

*Französisch für Afrika-Reisen* (Bd. 8), *Mandinka für Gambia*

## Zeitschriften

*Afrika-Post – Magazin für Politik, Wirtschaft und Kultur Afrikas*. Deutsche Afrikastiftung (Hrsg.)
zu beziehen bei Afrika-Post, Bonner Talweg 225, 53129 Bonn
Tel. 0228 - 21 90 11/12, Fax 0228 - 22 27 11

*Africa Positive – Länder, Menschen, Kultur auf dem Kontinent.* Afrika Positive e.V. (Hrsg.), c/o Veye Tatah, Winandweg 21a, 44388 Dortmund Telefon/Fax 0231/6 90 03 40, E-mail: Veye.Tatah@cityweb.de

## Nützliche Internetadressen:

www.africanews.org
Aktuelle Zeitungsartikel in englischer und französischer Sprache zu allen afrikanischen Ländern.

www.reise-know-how.de
Aktuelle Reisetips und Neuigkeiten zu Westafrika und anderen Erdteilen, Leserforum rund ums Reisen.

## Empfehlenswerte Kinder- und Jugendbücher

Nachfolgend einige Broschüren, die Empfehlungen für den interkulturellen Alltag (Kinderbücher, Spiele etc.) geben:

*Fremde Kinderwelten.*
Verzeichnis von empfehlenswerten Kinder- und Jugendbüchern zu den Themen »Länder des Südens« und »Rassismus«. 1999
Kinderbuchfonds Baobab c/o Helene Schär
Laufenstr. 16, CH-4018 Basel
Tel. +41 61 333 27 27, Fax +41 61 333 27 26, E-mail: baobab@access.de

*Guck mal übern Tellerrand – Lies mal, wie die andern leben*
Empfehlenswerte Kinder- und Jugendbücher aus einer Welt 2000/2001.
Bezugsquelle: Gesellschaft zur Förderung der Literatur aus Afrika, Asien und Lateinamerika e.V, Reineckstr. 3, 60313 Frankfurt a.M.
Tel. 069/21 02 270, Fax 069/21 02 227, E-mail: guckmal@book-fair.com

*Kinder- und Jugendbücher aus einer Welt – Empfehlungen für den inter-kulturellen Alltag.* Broschüre mit Kurzdarstellungen.
Verband binationaler Familien und Partnerschaften, iaf Bremen 1998.
Bezugsquelle: iaf-Bundesgeschäftsstelle oder örtliche iaf-Gruppen

*Kommt mit ins Tausendbäumeland – Multikulturelle Kinderbücher.*
Broschüre mit Kurzdarstellungen und Ausstellungsmaterial
Verband binationaler Familien und Partnerschaften, iaf Bonn 1996
Bezugsquelle: iaf-Bundesgeschäftsstelle oder örtliche iaf-Gruppen

*ZusammenSpiel – Spiele, Bücher, Tips zur interkulturellen Erziehung.*
Broschüre mit Kurzdarstellungen.
Verband binationaler Familien und Partnerschaften, iaf Bonn 1999
Bezugsquelle: iaf-Bundesgeschäftsstelle oder örtliche iaf-Gruppen

## Belletristik

Aktion *Afrikanissimo*
Gesellschaft zur Förderung der Literatur aus Afrika, Asien und Latein-
amerika e.V, Reineckstr. 3, 60313 Frankfurt a.M.
Tel. 069/21 02 270, Fax 069/21 02 227
E-mail: afrikanissimo@book-fair.com

Diese Aktion will ein neues, realistischeres Afrikabild vermitteln. Afrikanische Literatur soll im deutschsprachigen Raum bekannter gemacht
werden, sowohl Klassiker der Moderne als auch eine neue Generation von
herausragenden Autoren und Autorinnen. Im Angebot sind verschiedene
Ausstellungen, Lesungen und eine Zeitschrift zu zeitgenössischer Literatur
aus Afrika in deutscher Übersetzung.

## Bücher zum Thema »Afrodeutsche«

May Ayim: *Grenzenlos und unverschämt*. Orlando Frauenverlag, Berlin
1997

Paul Mecheril/Thomas Teo (Hg.): *Andere Deutsche – Zur Lebenssituation
von Menschen multiethnischer und multikultureller Herkunft.*
Dietz Verlag, Berlin 1994

Katharina Oguntoye/May Opitz/Dagmar Schultz (Hg.): *Farbe bekennen –
Afro-deutsche Frauen auf den Spuren ihrer Geschichte*. Orlanda Frauenverlag, Berlin 1991

Wiebke Rockhoff: *»Deutsch bin ich irgendwie für andere Leute noch nie
gewesen...« Westafrikanisch-deutsche junge Erwachsene beschreiben
afrodeutsche Identität und Realität.*
In: Brigitte Wießmeier (Hg.): *»Binational ist doch viel mehr als deutsch«
– Studien über Kinder aus bikulturellen Familien.* LIT Verlag,
Münster 1999

*Afro Look*
Vierteljährlich erscheinende Zeitschrift von Schwarzen Menschen in Deutschland
c/o Ricky Reiser
Kniephofstr. 30
12157 Berlin-Steglitz
Tel. 030/7 95 72 08
Fax 030/79 40 38 40

## (Auto-)Biographien Schwarzer Deutscher/EuropäerInnen

Harald Gerunde: *Eine von uns – Als Schwarze in Deutschland geboren.* Peter Hammer Verlag, Wuppertal 2000

Ika Hügel-Marshall: *Daheim unterwegs – Ein deutsches Leben.* Orlanda Frauenverlag, Berlin 1998

Arthur Japin: *Der Schwarze mit dem weißen Herzen.* Claassen Verlag, München 1999

Hans J. Massaquoi: *Neger, Neger, Schornsteinfeger – Meine Kindheit in Deutschland.* Fretz & Wasmuth Verlag, Bern 1999

# Brandes & Apsel

*Wahrheits- und Versöhnungs-*
*kommission Südafrika*
**Das Schweigen gebrochen**
**»Out of the Shadows«**
*Aus dem Englischen von E. Vorspohl*
*vierf. Paperback mit ca. 110 Fotos*
*400 S., ISBN 3-86099-177-9*
Das Buch der *Wahrheits- und Versöh-*
*nungskommission Südafrika* über die
Verbrechen der Apartheidära bis zu den
Wahlen 1994. Das Dokument eines historischen Vorgangs: Südafrika auf der
Suche nach der Wahrheit über Men-
schenrechtsverletzungen im Apartheid-
system.

**afrika-Taschenkalender**
*Hrsg. von V. Brandes und C. Wilß*
*256 S., vierf. Pb., Fadenheftung*
*mit zahlreichen Fotos, Illustrationen*
*und dreisprachigen Kalendarien*
*erscheint jährlich Ende August*
»365mal Afrika. ... Die kurzen literari-
schen Texte und Hintergrundinformationen sind ansprechend und informativ.
Fotos und Illustrationen runden den
Kalender ab und verleiten immer wieder
zum Durchblättern.« *(afrika-bulletin,*
*Basel)*

*Babátolá Alóba / Eva Steinhauser*
**Kinderlieder der Yorùbá**
*Yorùbá – Deutsch – Englisch*
*128 S., vierf. Pb. mit Musik-CD*
*ISBN 3-86099-165-6*
Das Musikprojekt will die Kinderlieder
der Yorùbá vor dem Aussterben bewah-
ren, aber auch Kindern in der Ersten
Welt Zugang zu afrikanischen Kinder-
liedern ermöglichen. Mit 42 Liedern
(Noten, dreisprachige Texte sowie aus-
führliche Erklärungen).

*Walter Schicho*
**Handbuch Afrika**
*Bd. 1: Zentralafrika, Südliches Afrika*
*und die Staaten im Indischen Ozean*
*ISBN 3-86099-120-5*
*Bd. 2: Westafrika und*
*die Inseln im Atlantik*
*ISBN 3-86099-121-3*
*Bd. 3: Nord- und Ostafrika, östliches*
*Zentralafrika. ISBN 3-86099-122-1*
*je Bd. ca 350 S., vierf. Hardcover*
*mit Länderkarten, Format 17x24 cm*
Ein unentbehrliches Grundlagenwerk.
Detaillierte Länderdarstellungen zeigen, wie interne und externe Kräfte im
Wechselspiel die heutigen Verhältnisse
in Afrika geschaffen haben.
»Ein inhaltsreiches, aktuelles Nach-
schlagewerk mit präzisen Quellenan-
gaben, empfehlenswert...« *(ekz-Infor-*
*mationsdienst)*
»... für eine rasche Konsultation ... wie
für das Studium von Zusammenhängen
geeignet ...« *(Neues Deutschland)*

*Karl A. Kumpfmüller (Hrsg.)*
**Europas langer Schatten –**
**Afrikanische Identitäten zwischen**
**Selbst- und Fremdbestimmung**
*160 S., vierf. Pb., ISBN 3-86099-198-1*
Ein halbes Jahrhundert nach Beginn
der Entkolonialisierung liegt Europas
Schatten noch immer über Afrika.
Schwarze WissenschaftlerInnen disku-
tieren Perspektiven der Suche nach
afrikanischen Identitäten, die sich von
bevormundender und zerstörerischer
europäischer Dominanz lösen.
Ein Querschnitt durch die Debatte um
ein neues schwarzes Selbstbewußtsein
und Selbstverständnis.